在京瓷创业的1959年,作者收到一幅临摹的西乡隆盛的书法:敬天爱人。至今还挂在作者的办公室里。敬天爱人是西乡隆盛提出的格言。所谓天,就是天理,遵循天理就是敬天。世人皆是自己的同胞,以仁慈之心关爱众人就是爱人。敬天爱人是京瓷公司的社训。

20世纪50年代

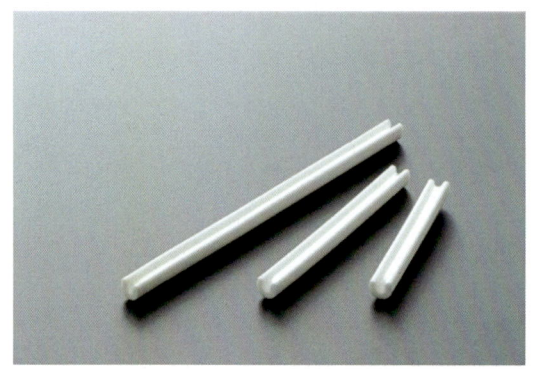

1956年在松风工业公司批量生产U字形绝缘体。它是用于电视机显像管电子枪里的绝缘零件。这在日本是首创。

1959年京都陶瓷公司成立。创业时共有28人,由从松风工业辞职的8名干部和20名新员工组成(照片后排左起第6人是作者)。

＊这张照片原是黑白照片,经过着色加工,再现当时的真实情景。

20世纪60年代

1963年京瓷第一家出资建造的滋贺工厂竣工。1966年京瓷本部迁至滋贺工厂。照片是滋贺工厂第一次产品出货。

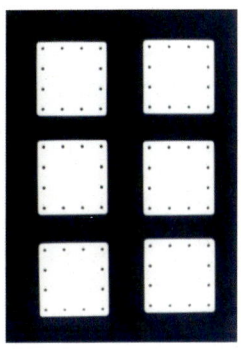 

1966年接到来自IBM公司的集成电路基板（左图）的订单。这笔订单给了京瓷一个大发展的机会。这一产品用于IBM的战略产品——系统360电脑（右图）。

1969年接到美国飞兆公司多层半导体封装的订单。这一产品开辟了京瓷飞跃发展的新纪元。

20世纪70年代

1972年,因"大规模集成电路用陶瓷封装开发"成功,获得第18届"大河内纪念生产特别奖"。

1972年位于京都市山科区的总公司大楼竣工。现在总部大楼已迁至伏见区。

1976年在纽约证券交易所发行ADR。

20 世纪 80 年代

1984 年第二电电公司成立,作者担任会长。照片从左到右:千本倖生专务董事,森山吾信社长,USIO 电机公司会长牛尾治朗,SEKOMU 公司会长饭田亮,作者,电电公社总裁真田恒,索尼会长盛田昭夫。

1984 年设立财团法人稻盛财团,创立国际性奖项"京都奖"。每年 11 月在京都举办授奖仪式。照片是 2011 年第 27 届京都奖授奖仪式的盛况(照片由稻盛财团提供)。

20世纪90年代

1990年并购世界著名电容器厂家AVX公司（照片左边是当时AVX公司的负责人巴特拉先生）。

1998年京瓷总部迁至现在公司大楼。在南边一侧墙面和屋顶上一共安装了1896块京瓷生产的太阳能发电基板，表达了"有益于人类和环境的智能大厦"的形象。

1998年决定援助适用"公司重建法"的三田工业公司。2000年改称京瓷美达开张（现京瓷办公信息系统公司）。

21 世纪

2000年第二电电、KDD、日本移动通信三家合并，成立KDDI公司（右边第二人是作者）。

2010年出任日本航空公司会长，参与日航重建（中间是作者）。

近年的活动

2004年设立儿童和婴儿收养机构"大和之家",收养遭遇不幸的孩童。作者经常去看望孩子和工作人员。

义务举办市民论坛,以"人为什么活着"为题,讲述自己在人生和经营中领悟的人生观和人生态度。各地盛和塾负责运行,不收费用。到2012年7月为止,一共举办了40场,累计约有67 000人听了讲演。照片是2012年在福井市举办的市民论坛。

[日]稻盛和夫 著
曹岫云 译

敬天爱人
从零开始的挑战

ゼロからの挑戦

图书在版编目（CIP）数据

敬天爱人：从零开始的挑战 /（日）稻盛和夫著；曹岫云译. —北京：机械工业出版社，2016.9（2025.6 重印）

ISBN 978-7-111-54638-2

I. 敬⋯ II. ①稻⋯ ②曹⋯ III. ①稻盛和夫 – 人生哲学 ②稻盛和夫 – 企业管理 – 经验 IV. ① K833.135.38 ② F279.313.3

中国版本图书馆 CIP 数据核字（2016）第 195171 号

北京市版权局著作权合同登记　图字：01-2016-4520 号。

ZERO KARA NO CHOSEN.
Copyright © 2012 by Kazuo INAMORI.
Simplified Chinese Translation Copyright © 2016 by China Machine Press.
Simplified Chinese translation rights arranged with PHP Institute, Inc. through Bardon-Chinese Media Agency. This edition is authorized for sale in the Chinese mainland (excluding Hong Kong SAR, Macao SAR and Taiwan).
No part of this book may be reproduced or transmitted in any form or by any means, electronic or mechanical, including photocopying, recording or any information storage and retrieval system, without permission, in writing, from the publisher.
All rights reserved.

　　本书中文简体字版由 PHP Institute, Inc. 通过 Bardon-Chinese Media Agency 授权机械工业出版社在中国大陆地区（不包括香港、澳门特别行政区及台湾地区）销售。未经出版者书面许可，不得以任何方式抄袭、复制或节录本书中的任何部分。

敬天爱人：从零开始的挑战

出版发行：机械工业出版社（北京市西城区百万庄大街 22 号　邮政编码：100037）
责任编辑：黄姗姗
责任校对：殷　虹
印　　刷：中煤（北京）印务有限公司
版　　次：2025 年 6 月第 1 版第 17 次印刷
开　　本：147mm×210mm　1/32
印　　张：6.625　　插　　页：4
书　　号：ISBN 978-7-111-54638-2
定　　价：59.00 元

客服电话：(010) 88361066　68326294

版权所有・侵权必究
封底无防伪标均为盗版

推荐序
从零开始的挑战为什么成功

什么叫"从零开始的挑战"？顾名思义就是在经营资源几乎为零的情况下发起的挑战。资金、设备、厂房、人才甚至知识、经验、技术等，在这些经营资源都缺乏的状态下，如何发起挑战并获得成功呢？认真读一读本书，用心体会书中的思想，你就能得到一个清晰的答案。

稻盛和夫的京瓷公司在创业初期只是一个街道小厂，28名员工中绝大多数都是初中毕业生，稻盛自己毕业于没有名气的鹿儿岛大学。企业没有资金，没有信誉和业绩，产品只有电视机显像管中的一个小小的、只卖几日元的绝缘零件，客户只有松下一家，产品单一，市场极为狭小，技术也不成熟，而且这个产品很快就会被淘汰。

就是从这种情况起步，京瓷公司一路高速发展，57年来不仅从未亏损，而且基本上保持了年利润率10%以上的高收益状态。京瓷作为一个零部件生产企业，曾罕见地挤进过世界500强的行列。

在京瓷的发展过程中，经济变动的浪潮汹涌澎湃：20世纪70年代有石油危机；80年代有日元升值危机；90年代有泡沫经济危机；21世纪初有IT危机；2008年又有世界性的金融危机。而京瓷公司不但安全渡过了各种危机，而且每次危机过后总能发展壮大。

1984年，稻盛先生52岁，这位陶瓷生产企业的经营者挺身而出，毅然参与国家规模的通信事业，成立"第二电电"，向当时日本的通信巨头NTT发起了挑战。世人讥讽他是"堂吉诃德挑战风车"。在通信领域，稻盛没有相关专业知识，没有经验，没有技术，没有基础设施，几乎一无所有，这又是一次从零开始的挑战。但是第二电电一问世就不同凡响，令世人刮目相看。不久第二电电又合并了以丰田为大股东的"高速通信"等公司，更名为KDDI，持续高速成长，不久就进入了世界500强的行列。

2010年，稻盛先生78岁，应日本政府的再三邀请，出任破产重建的日本航空公司的董事长。稻盛先生是航空运输业的门外汉，而且年事已高。舆论认为，在日航这个官僚和工会纠结的破产企业里没有稻盛先生的用武之地，"日航二次破产必至"。可以说，这又是一次从零开始的挑战。但是仅仅用了1年的时间，日航就大幅度扭亏为盈，创造了其60年历史中的最高利润，这个利润在全世界航空企业中也是遥遥领先，而且连续6年始终保持着领先的地位。

这三次在不同领域、不同时期、从零开始的巨大的挑战，为什么都获得了如此卓越的成功呢？

在本书中稻盛先生说"原因无非就是一条：在自己的经营和人生中，在苦斗奋战中，我领悟出了做人做事正确的原理原则，或叫思维方式。不管处于何种剧烈的景气变动的旋涡之中,我都不折不扣地、毫不动摇地贯彻这种原理原则和思维方式。这么做的结果是企业实现了超乎想象的成长发展,我自己的人生也收获了意想之外的成果。"

那么,"做人做事正确的原理原则"是什么呢?

在本书中,稻盛先生这么说:"在经营和人生中,每当我碰壁时,痛苦烦恼时,我都会回到'作为人,何谓正确?'这个原点认真思考,依据'何谓正确'这个原则采取行动。正是这种思考和行动的日积月累,在不知不觉中给我们带来难以置信的巨大成功。"

把"作为人,何谓正确"作为判断一切事物的基准,把作为人应该做的正确的事情以正确的方式贯彻到底。这就是稻盛哲学的原点。"京瓷哲学78条""经营十二条""六项精进""会计七原则"以及"阿米巴经营"都从这个原点演化而来。稻盛一切事业的成功都从这个原点出发,都可以归结到这个原点。

如果你想知道如何从哲学的原点出发,如何在从零开始的挑战中连连获胜?那么,就请你认真阅读这本著作吧。

曹岫云

稻盛和夫(北京)管理顾问有限公司董事长

2016/4/10

老版《敬天爱人》推荐序
敬奉天理,关爱世人

　　1959年稻盛27岁时创建了"京都陶瓷株式会社"。当时稻盛自己没有钱,是宫木电机公司的几位董事出资300万日元,帮助稻盛创立了公司。

　　"京都陶瓷株式会社"的第一任社长由宫木电机的社长宫木男也兼任。稻盛名义上是董事兼技术部长,实际上全权负责公司的经营。

　　创业后不久的一天,宫木社长从外地出差归来,他解开一个包裹说:

　　"稻盛君,给你买了件好东西。是稻盛君的同乡前辈西乡隆盛的书法,我估摸着你一定喜欢。"

　　稻盛展开纸卷一看,正是西乡所书的"敬天爱人"四个大字,苍劲有力。尽管并非西乡的亲笔墨宝而是临摹之作，但宫木对刚刚扬帆起航的公司给予的这番好意以及其中倾注的温暖情谊，让稻盛感激之余，流下了热泪。

稻盛立即把字幅拿去装裱好并挂在公司的接待室中。当时京瓷还借用宫木电机仓库的二楼当办公室，冬天仅能依靠圆火炉烧炭取暖，这幅字如今已被熏成了茶褐色，稻盛却把它当作无价珍宝，半个世纪以来，直到现在仍悬挂在稻盛的办公室中。

当时稻盛尽管很激动，但对"敬天爱人"的含义却没有做过深入的思索，也还没有切身的体验。

稻盛创立京瓷时，只是个技术员，理工科出身，对会计、企业经营一窍不通。但既然开公司当了经营者，就必须对公司的各种事情做出决断。有时部下来请示："这笔生意做不做？""那个问题怎么办？"因为缺乏经验，稻盛不知道该如何回答，常感苦恼。

刚刚诞生的弱小企业，一旦出现判断失误，很可能立即倒闭。稻盛深感责任重大，常因为忧心而夜不能寐。

企业经营要求经营者不断地对面临的所有问题都做出正确而及时的判断。那么怎样才能做到这一点呢？

稻盛说："拿什么作为判断或决断的基准呢？苦恼之余，来了灵感，我想到了原理原则。这里所谓原理原则，就是'作为人，何谓正确'这么一句话。从小父母、老师教导过的，小时候他们表扬我或责备我，根据什么呢？不外乎'是非对错、好坏善恶'这类最朴实的道理。如果这可作为判断基准的话，那不困难，我能够掌握。"

就是说，不拿"赚钱还是亏本"做基准，也不用所谓的常识、习惯、时尚的潮流做基准，而是用"作为人，何谓正确"这一原则做基准，从这一点出发，去经营企业，去应对和解决一切问题。

不具备明确的判断基准，心中无底，人就难免困惑和烦恼。明确了判断基准，掌握了判断和解决问题的大原则，稻盛心里有了一种豁然开朗的感觉。

有天回到办公室，抬头看到"敬天爱人"四个字，稻盛心中一动。把"作为人，何谓正确"作为判断基准，就是按天指示的方向去做，就是敬奉天理，这不就是西乡隆盛教导的"敬天"吗？稻盛愈加坚定了自己的信念。

"天"是那么浩瀚，那么不可思议。"敬天"或者说"敬奉天理"不是很抽象么？但稻盛却用"作为人，何谓正确"这一句话具体表述了这个似乎不可捉摸的"天理"。正如稻盛所说"作为人，何谓正确"无非就是公平、正义、勤奋、谦虚、自利利他等做人最基本的价值观，是自己从小就懂的道理，是人的良知，为每个人内心所共有。只要用这句话，用这种良知去判断和应对一切就够了，这就是天理。换句话说，天理就在人的心中，天理即良知。

应顺天理，替天行道，得道多助，当然无往而不胜。虽然道路总是曲折的，但前途一定是光明的。

把"作为人，何谓正确"作为判断和行动的基准，把作为人应该做的正确的事情用正确的方法贯彻到底。27岁的稻盛从经营企业的烦恼中获得的这一灵感，犹如醍醐灌顶。这是发生在稻盛身上的、体现人类最高智慧的"开悟"。这同王阳明500年前的龙场大悟，同2500年前释迦牟尼在菩提树下瞬间的参悟，完全是一回事，这三人可谓不谋而合，殊途同归。

京瓷公司创立后第2年，招进了十多名高中毕业生。经过1年的训练，他们都成了生力军。当时京瓷虽说也算一个高新技术企业，但起步不久，规模很小，工资不高，加上粉尘、高温，劳动条件不好，而且还经常加班，管理又很严格。这些高中毕业的小青年受不了了，他们拿了一张联名状，同稻盛展开集体交涉，要求每年加多少工资、发多少奖金，否则就要集体辞职。因为当时企业的前景还不明朗，稻盛无法违心地接受他们的条件。但如果他们真的辞职，公司会受到很大的损害。所以稻盛花了三天三夜，苦口婆心地说服他们。

稻盛虽然拒绝了他们提出的条件，却承诺要把公司办成大家心目中公认的好企业。但小青年们不相信，他们说："资本家、经营者总是说得好听，用甜言蜜语来欺骗劳动者。"

"是欺骗或不是欺骗,无论我怎么说也无法证明。身为经营者,只要自己得利就好,这种想法我半点都没有。我想让企业成为大家由衷认同的好公司。这是谎言还是真话,你们就全当受一回骗,跟着我试试如何?我就是拼上性命也要把公司做好。若是我经营企业不负责任,或者发生只顾一己私欲的事,那时你们杀了我也行!"

虽然最终说服了他们,但此后连续几个星期,稻盛都摆脱不了苦闷的情绪。因为稻盛最初办企业的目的是"技术问世"。但对他的这种个人抱负,员工们却不理会、不拥护,而经营者若得不到员工的信任和尊敬就办不好企业。

稻盛先生说:"我开始意识到企业经营应有的真正目的。这目的既不是'圆技术者之梦',更不是肥经营者一己之私腹,而是对员工及其家属现在和将来的生活负责。……此后,我将'在追求全体员工物质和精神两方面幸福的同时,为人类社会的进步发展做出贡献'作为京瓷的经营理念。因为企业作为社会一员必须承担相应的社会责任,所以这后一句也必不可少。"

稻盛在想清楚这一点之后,当他回到办公室抬头看见"敬天爱人"四个大字时,心中又一动:这番经营理念的改变,不就符合了西乡所倡导的"爱人"吗?关爱世人不是空话,先从眼前的员工做起,稻盛对"敬天爱人"的体验又深了一步。

稻盛从此就把"敬天爱人"奉为京瓷的社训。

多数欧美企业的宗旨或理念是股东利益第一,员工不过是劳动力资源,不过是成本。资源可以购买,成本当然尽可能压低为好。这一套西方经济学的核心思想对我们中国企业家也颇有影响。

另外我们的企业家喜欢说"客户第一",或者很崇尚"产业报国",常强调要"为人类、为社会做贡献"。从某个角度上讲,这样的理念都很高尚。

但稻盛却始终把员工放在第一位,首先追求全体员工物质和精神两方面的幸福。为什么?道理其实很简单。

股东投资才有企业，有客户买你的产品企业才能生存，没有国家的保护和支持企业也难发展。这些都是理所当然的。然而，股东、客户、国家并不能代替你来经营企业。实际负责企业运行、每天进行企业生产经营活动的是包括经营者在内的全体员工。如果全体员工都很尽责，每天都在各自的岗位上努力工作，发挥自己的聪明才智、齐心协力、精益求精，那么企业就能凝聚巨大的合力，就能持续发展、长期繁荣，就像京瓷和KDDI一样。这样就能不断为客户提供满意的产品和服务，就能让股东获得稳定的回报，就能向国家多交税，企业还有能力开展各种社会公益活动。

总之，在稻盛看来，企业只有"追求全体员工物质和精神两方面的幸福"，把全体员工的积极性和创造性都释放出来，才能真正"为人类社会的进步发展做出贡献"。

反过来讲，如果经营者忽视自己企业的员工，与他们没有感情，不把他们的苦乐放在心上，也不激发他们的潜能,甚至欺侮他们、压榨他们,而嘴上奢谈什么"客户第一""股东第一",奢谈什么"产业报国""为人类、为社会做贡献"。经营者这一套就无法唤起员工的共鸣,就无法落实在员工的行动中,就变得空泛抽象,归根结底还是经营者"自己个人第一"。这样就得不到员工的由衷配合,企业当然不可能长盛不衰。

做人应该做正确的事情,把员工放在首位,这就是稻盛对"敬天爱人"的诠释,也是稻盛一辈子实践的哲学。京瓷和KDDI的持续繁荣,日航的起死回生,几千家盛和塾企业的进步,都印证了这一哲学的正确有效。

曹岫云

序言

京瓷公司自1959年创立以来,已经过去了半个多世纪。

创业后第1年的销售额大约是2600万日元,到2012年3月底,销售额已接近1.2万亿日元。在这期间,年度核算从来没有出现过一次亏损。销售额超过1万亿日元后,仍能保持10%左右的高利润率。

经历半个多世纪,仍能继续成长并维持高收益的企业,在日本产业的发展历史上,恐怕极为罕见吧!

但是,道路决非平坦。

受到尼克松冲击的影响,日元从固定汇率制变为浮动汇率制;由石油危机引发的空前的经济萧条;在半导体和汽车领域激烈的日美贸易摩擦;广场协议后日元的急剧升值；泡沫经济破裂后长期的景气低迷；由雷曼兄弟破产引起的世界规模的金融危机以及由欧洲诸国的财政危机引发的景气消退……一次接一次经济景气变动的波涛不断冲击着日本的产业界。

在这种汹涌的激流中，许多企业翻了船，走向衰退，被淘汰出局。但是我们京瓷却不同，我们从正面迎击景气变化的波浪，在这过程中不断成长，持续提升效益。

原因无非就是一条：在自己的经营和人生中，在苦斗奋战中，我领悟出了做人做事正确的原理原则，或叫思维方式。不管处于何种激烈的景气变动的旋涡之中，我都不折不扣地、毫不动摇地贯彻这种原理原则和思维方式。这么做的结果是京瓷实现了超乎想象的成长发展，我自己的人生也收获了意想之外的成果。

这本书的原作，就是以我的思维方式，也就是我的经营哲学以及我的经营手法为纬线，以京瓷的历史为经线，在1997年，以《敬天爱人》为书名，编写完成并付诸出版。读这本书，就可以顺着京瓷发展的轨迹，从整体上俯瞰我的思想哲学和经营手法。

最近,PHP研究所要求我出版这本书的新版本。再次重读此书,我强烈地感觉到,只要按照书中的思想来经营企业,来度过人生,那么,公司一定会发展,个人也一定能够获得幸福的人生。另外,从这个意义上说,我不担心有人误解我说话过头,包括书中阐述的"成功方程式"在内,我认为,本书甚至可以说就是经营和人生的"圣经"。

在新版本发行之际,我对原版的内容和题目都做了修改。

《敬天爱人》出版15年来,我又创办了KDDI,救助了原三田工业公司,现在我又在致力于日航的重建。同时,在繁忙的日程中,我还参加稻盛财团的各种活动,主导盛和塾的学习活动。通过介绍这些年来我的动向,读者可以更确切、更深刻地理解"成功方程式"。

这么说来,这本书一大半都是新作,说它与原版是完全不同的另一本书,也不为过。为此,遵照编辑部门的要求，书名改为《敬天爱人：从零开始的挑战》。

回首往事，我感觉到，我的经营和人生可以说就是一部从零开始的挑战史。今天的日本社会充满着闭塞感和停滞感，而这本书解释了"从零开始的挑战"。作为本书的作者，我希望这本书能传到更多读者的手中，促使他们的人生和事业更丰富，结出更多的硕果。同时我也希望本书能够对日本社会和日本经济的再度振兴助上一臂之力。

2012 年盛夏

目录

推荐序　从零开始的挑战为什么成功　⊙曹岫云
老版《敬天爱人》推荐序　敬奉天理，关爱世人　⊙曹岫云
序言　⊙稻盛和夫

第一部分　以"哲学"为根基
稻盛和夫的经营

第1章　"哲学"带来发展　// 003

事业无限拓展　// 003
从实践中产生的"哲学"　// 005

第2章　以心为本的经营　// 007

与合作伙伴共同创业　// 007
就职于连年亏损的企业　// 008
开发出新型精密陶瓷材料　// 010

冒破坏罢工的风险，坚持生产　// 012
决意辞职　// 013
每个员工都是主人　// 015
最牢靠的是"人心"　// 017
新员工的联名状　// 019
确立经营理念　// 022

第3章　贯彻原理原则的经营　// 025

依据原理原则思考　// 025
企业经营中也要贯彻原则　// 027
销售最大化，经费最小化　// 029
从本质上追究事物真相　// 031
把产品打进美国市场　// 032
首次海外出差　// 033
与美国人的思维方式一致　// 035
新股发行上市　// 037
企业是什么，经营者是什么　// 039

第4章　满足客户需求的经营　// 041

做客户的仆人　// 041
以未来进行时开发产品　// 042
"会划破手"的产品　// 044
定价即经营　// 047
赢得客户的尊敬　// 048

第 5 章　挑战未来的创造性经营　// 051

不断挑战　// 051
挑战的资格　// 053
描绘无限梦想　// 054
渗透到潜意识的强烈愿望　// 055
多层 IC 封装的开发　// 057
真正的创造来自哪里　// 058
崇高的志向是能量的源泉　// 060
相信自己　// 062
力求完美　// 064

第 6 章　阿米巴经营与单位时间核算制度　// 067

全员参与的经营　// 067
把经营委托给阿米巴长　// 068
把心心相印的信赖关系作为基础　// 070

第二部分　"哲学"的根基之一
稻盛和夫的思想

第 7 章　人生方程式　// 075

"能力"是先天的　// 075
"热情"由意志决定　// 076

"思维方式"从正到负 // 078
求职过程中自暴自弃 // 079
成功的王道 // 081

第8章 境由心造 // 083

驱动潜意识 // 083
所谓"看见" // 085
唤来幸运的"美丽心灵" // 086
与宇宙的意志相一致 // 087

第9章 关爱之心 // 091

利他心 // 091
邂逅 AVX 公司 // 092
主动终止专利合同 // 093
提议交换股票 // 095
再次接受重要的变更 // 097
AVX 公司的飞速发展 // 098

第10章 好心有好报 // 101

决断的动机是助人 // 101
不亚于任何人的努力和不间断的钻研创新 // 104
走过延绵的荆棘之路,前面才有成功 // 107

第三部分 "哲学"的根基之二
稻盛和夫的思想

第 11 章 动机至善,私心了无 // 113

　　京瓷哲学之根基 // 113
　　创立第二电电的动机 // 114
　　动机至善,私心了无 // 116
　　不利状况中起步 // 117
　　扭转劣势 // 118
　　参与移动通信遭遇激烈反对 // 120
　　损而后得 // 121
　　旗开得胜 // 123
　　舍弃小异、成就大同 // 125
　　善的循环、爱的循环 // 128

第 12 章 为社会、为世人尽力 // 133

　　设立"稻盛财团"的动机和决断 // 133
　　与诺贝尔财团的交流 // 136
　　京都奖的三个部门 // 139
　　各部门的授奖对象领域 // 140
　　京都奖的评审 // 142
　　京都奖的授奖仪式和有关活动 // 144
　　善意的连锁反应 // 148

第 13 章 提高心性、拓展经营 // 151

盛和塾是什么 // 151
在盛和塾学什么 // 153
在盛和塾怎么学习 // 154
具备燃烧的斗魂和强烈的愿望 // 159
坚定志向、提升自己 // 164

第 14 章 运用哲学帮助企业起死回生——日本航空的重建 // 167

三项大义 // 167
干部们的眼神变了 // 169
精心推敲，制定新的"企业理念" // 173
来自客人的感人寄语 // 175
运用管理会计系统 // 182

第一部分

以"哲学"为根基
稻盛和夫的经营

在京瓷的滋贺工厂建立后不久,在工厂附近的山边开露天派对,吃牛肉火锅。右边的是作者。

第1章

"哲学"带来发展

事业无限拓展

1959年,我27岁,还只是个陶瓷技术员。在有关朋友的帮助下,我与7位伙伴共同创立了京都陶瓷(京瓷的前身)。从此,我倾注自己的全部力量,经营以京瓷为中心的企业集团。

在我经营的企业集团中,有京瓷和KDDI,两者都获得了长足的发展。

在创业时,京瓷生产电视机上用的精密陶瓷零件,京瓷以精密陶瓷技术为核心，不断推进事业的多元化，现在已经成长为一家综合性的生产厂家，不但生产各种精密陶瓷的零部件、电子、半导体装置，而且生产太阳能发电系统，乃至手机、复印机等电子设备。

此外，在1984年日本实行通信自由化之际，我参与通信事业，创立了今天KDDI的前身第二电电（DDI）。现在KDDI已成为日本第二大通信运行商，并一直保持着高收益。

还有，在2010年2月，应日本政府的邀请，我出任了代表日本国家形象的日本航空（JAL）的董事长，投身于日航的重建。到2011年3月底，新生日航第1年就取得了日航自创业以来最好的业绩，同时，这个业绩在全世界众多航空公司中名列第一。

把"作为人，何谓正确"作为判断基准，与员工们一起拼命努力工作，我经营的企业集团才取得了如此巨大的发展。

1959年，我白手起家创立京瓷时，谁也没能预料到京瓷会有今天这么巨大的成功。那么，曾是微型企业的京瓷，为什么能够冲破困难的经营环境，持续发展至今呢？

从实践中产生的"哲学"

在经营和人生中，每当我碰壁时，痛苦烦恼时，我都会回到"作为人，何谓正确"这个原点认真思考，依据"何谓正确"这个原则采取行动。正是这种思考和行动的日积月累，在不知不觉中给我们带来难以置信的巨大成果。

要发挥集团的功能，产生成果，前提是：这个集团瞄准的方向必须明确，集团全体人员必须顺着这个方向形成合力。在企业里，形成这种合力要依靠被称作"经营理念"和"社训"的企业基本规范。其基础就是根本性的思维方式或哲学。创业后不久，我把在每一天辛勤工作中学到的、体验到的东西归纳成"京瓷哲学",并倾注心血让这种哲学为全体员工共有。

这是人生在世应该有的基本的思维方式,换句话说,其基础就是"以正确的方式去追求作为人应该做的正确的事情"。

> 其基础就是"以正确的方式去追求作为人应该做的正确的事情"。

这种哲学看起来似乎与企业经营无关,但我相信,追求做人的应有的姿态就能明确经营企业应该树立的坐标轴。所谓经营只能是经营者人格的投影。因此,只要具备做人的正确的判断基准,就一定能在经营实践中有效发挥它的作用。

经营企业的日程是很繁忙的,但就在这繁忙的实践中,我不停思考,我想将我思考的经营最重要的事项与众多读者分享。

第 2 章

以心为本的经营

与合作伙伴共同创业

京瓷不是我个人投资创办的企业。在最初就职的公司里,因与上司意见不合,我辞职离开了公司。当时,出现了信任我、愿意出钱帮我创办公司的人,还有同样信任我并愿意跟随我一起创业的7位同人。正因为是心心相连的伙伴共同创业,所以从一开始,就形成了注重心心相印的人际关系的企业氛围。

如果我很有钱,可以有充裕的资金创办企业、雇用员工，那么，企业的形态、我与员工的关系可能将大不相同吧。但是，不知道是幸运还是不幸，因为人、财、物等经营资源一无所有，从零开始创业，所以，除了重视与员工相互之间在心灵上的纽带，贯彻以心为本的经营之外，别无他法。

就职于连年亏损的企业

我于1955年毕业于鹿儿岛大学工学部应用化学专业，作为技术员就职于松风工业公司。这是京都一家生产高压输电线用的绝缘瓷瓶的企业。所谓瓷瓶，是为了保证电线绝缘而安装在电线杆上的器具，它主要由陶瓷材料制成。松风工业公司成立于1917年，一直是高压瓷瓶领域的传统老资格企业之一。我被分配在研究科，从事新型精密陶瓷（NEW CERAMIC）的研究开发工作。

在这里，我想说明一下CERAMIC这个词。

CERAMIC 源于希腊语。土制的兽角状容器称为 KERAMION，而制作这种容器的技术称为 KERAMEIA。据说，德语中的 KERAMIK、英语中的 CERAMICS 就是由这些词派生而来。

CERAMIC 的定义，按照字典上的解释是指："无机材料，在制造过程中受过高温处理的东西。"按照这一定义，不仅陶瓷，玻璃、水泥、砖瓦、搪瓷等都在这范畴之内。而我们使用 CERAMIC 这个词时含义较为狭窄。

当时，性能优越、尺寸精度很高的陶瓷材料被称为特殊陶瓷。但是，我们做的东西与传统的瓷瓶不同，材料不用天然的黏土，而使用人工合成的、纯度很高的材料，我把这种特殊陶瓷叫作 NEW CERAMIC（新型精密陶瓷）。

话说回来，我进松风工业公司后才知道，当时公司亏本经营，在金融机构的援助下才得以勉强维持，工资经常拖欠。公司和自己的将来前景不甚明了。

当与我一起进入公司的同事相继辞职后，我也对这家公司失望透顶，就和剩下的一名同事一起去报考自卫队干部候补生。虽然通过了考试，但办入队手续要用的户籍誊本老家没寄来，再加上哥哥的强烈反对，我最终只能留在了公司。

已经没有退路了。此时我下了决心。我知道不管工作环境多么恶劣，除了在这个岌岌可危的公司里开辟自己的命运之外，别无出路。于是我改变心态，全身心投入了研究开发。

这样一来，一切变得很有意思，研究开发工作开始出现成果。因为受到大家的表彰，我就更来劲，工作更投入，上司和前辈更加夸奖我，我干劲倍增，废寝忘食。这样，我就进入了良性循环的轨道。

开发出新型精密陶瓷材料

1956年年初，我开发出一种新型精密陶瓷材料

"镁橄榄石"。应用这一新材料，我成功研制出了专供松下电子工业（现在的 Panasonic）的电视机显像管用的 U 形绝缘零件。当时，生产这种产品很困难，只有荷兰的飞利浦公司才能批量生产。

那时日本正赶上电视机热销，U 形绝缘零件的需求很高，亟待批量生产。该产品的生产也由我负责。我设计并引进电隧道窑这一生产设备，全面投入了（当时被称为特殊瓷器的）新型精密陶瓷的研发和生产。

虽然公司财政赤字，正待重建，但生产 U 形绝缘件的"特磁科"（已从研究部门独立出来）却是例外，是唯一的盈利部门。因此公司同意特磁科增加人手，但我不赞成在公司内部调拨。原因是公司一直亏损，经常拖欠工资，这造成了员工对工作缺乏责任心，其他部门有许多人一心只想多赚加班费。

如果这些人转入我们部门，在明确目标下拼命努力的职场氛围和团结奋斗的局面就会分崩离析。当时我只是一名普通员工，但已经有了这种思考。我亲自前往位于京都七条的职业介绍所,挑选录用品格好的人。

这种做法在亏损企业能得到认可,是因为我们特磁科的业绩非常突出。

供给松下电子工业的产品逐渐增加,每月的订单达到两三万个,但生产还是经常跟不上。因此,部门全体员工废寝忘食,努力增产,500个、1000个……当天生产当天交货。

冒破坏罢工的风险,坚持生产

正在这时,由于在春季要求加薪的交涉中,松风工业公司劳资关系破裂,工会举行罢工。但我考虑到客户正焦急地等待产品,不能给客户带来损失。从这一责任感出发,我决定不参与罢工。我们部门的全体员工都封闭在车间,把锅碗瓢盆都搬了进来。吃饭也在车间就地解决。工会罢工期间,向松下电子工业供应的U形绝缘件的生产没有中断。工会成员封锁期间,为将产品运出工场,我们想方设法让女研究员把产品偷偷带出去,只盼着别给客户添乱。

这里说一段后话,在1997年《京都日报》上刊登了一篇文稿,是当时与我们对抗的原松风工业工会委员长给我写的信。

文稿开头写道,"拜启!京瓷会长稻盛先生,您还记得我吗?"文中介绍了在没有任何加班补贴的情况下,我为开发新产品彻夜工作的情况以及我辞职时的相关趣闻。最后,文章的结束语是:"希望您为社会吹入新风"。

我也以回信的形式向该报社投去一稿,表达对他的谢意。40年时光匆匆,能与当时针锋相对的工会委员长通过书信重温旧交,我着实感到欣喜。

决意辞职

当时我27岁,虽然职务不过是特瓷科主任,但新型精密陶瓷的研发已成为公司工作的中心，另外，我开发的产品，包括生产、销售，都由我负责，不管分内分外，所有有关的工作，我都全力以赴。

在全身心投入工作时，我们又接受了日立制作要求开发陶瓷真空管的委托。我以自己研制的材料镁橄榄石为基础，认真研制，但结果总不理想，做不出令人满意的东西。

正在这时，刚从别处突然跳槽来公司的技术部长，尽管对以前的情况一无所知，却粗暴地说："你们干到这儿撒手吧，下面的研发由我来安排！"听到这话，我当即表示辞职，决定离开松风工业公司，随即递交了辞职信。虽然后来公司尽力挽留我，但我仍坚决辞职。我们全身心投入开发研究，而作为上司，居然使用蔑视性的言语，我对此无法容忍。

那时，我曾考虑去海外一试自己的技术，那是我老早就有的梦想。然而，曾经同甘共苦的下属与后辈们却说"我们和你一起辞职"。不仅如此，连前辈和上司

第 2 章　以心为本的经营

也说"我们想跟你干"。

于是，我们汇聚一堂，决定建立自己的新公司，并一起誓言："为了全员的幸福，为世人、为社会，齐心协力，同甘共苦，共同奋斗！"大家还按上血印以明志。虽然多少带点过去时代的痕迹，但体现了我们当时很高的志向。

> 一起誓言："为了全员的幸福，为世人、为社会，齐心协力，同甘共苦，共同奋斗！"

当时大家说，"如果事业进展不顺，就算打工，也要支持你把精密陶瓷的研究进行下去"。那情景即使今天回忆起来，依然让我欣喜，让我感动感慨。

每个员工都是主人

虽说要成立公司，我们自己却没有资金。在筹划新公司各项事宜时，首先得东奔西走，寻找赞助者。

青山政次是我在松风工业公司时的上司，和我同时辞职，一起参与新公司的创建。青山有两位京都大学工学部电器工学专业的同届同学——西枝一江和交川有。

西枝最初是专利代理人。当时京都有家公司叫宫木电机，生产电器开关与配电盘，西枝是这家公司的专务董事。交川出身是专利局，在宫木电机担任常务董事。青山与他们二人商量后，他们俩先与我见面，听取我的构想。然后他们又说服了宫木电机的社长宫木男也，最终这三人成为我的公司的主要出资人。

那时我没有经营业绩，对将来也没有必胜的把握。但西枝先生却对我说："我感觉你很有特长，能成大器，而且你有自己的哲学，我出资是因为看中了你这一点。"

西枝先生还教导我："不要做金钱的俘虏。员工应该成为公司的主人。"当时，我没有资金，也不懂股份的含义，他们却让我以技术作股的形式出资，让我从一开始就持有公司的股份，就是让我作为持股经营者，走上经营企业之路。

另外，根据西枝先生的意见，新公司不是宫木电机的子公司，而是一家独立的公司。据说，西枝先生曾向宫木董事长强调:"我们把赌注压在了稻盛这个青年身上,能否成功是个未知数。或许连出资的钱都收不回来,请您做好心理准备。"

如此看重、厚待一个年仅27岁的青年,我从心底感激西枝先生的深情厚谊。这样,出资方与我们创业成员心心相连,成为公司创立的基础。因此,京瓷的企业文化很自然地扎根在了人与人心意相通的基盘之中。

这样,以西枝先生为首,支持我的同仁们出资300万日元,再加上出资人的努力,从京都银行贷款1000万日元,合计共1300万日元,从设备投资到流动资金,决定了各项投入比例,新公司开始运营。

最牢靠的是"人心"

创业时,公司录用了20名初中毕业的新员工,但刚进公司,就有新员工表示不满,他们说:"之前真不知道是个刚刚成立的小公司。"

说起来，我们当时招聘员工时，用的是"京都陶瓷公司"的名义，但因为没有体面的办公室，就借了宫木电机漂亮的办公室当作面试场所，所以这些初中刚毕业的年轻人以为面试的地方就是京都陶瓷公司。但进公司一看，发现作业场所实际上是租用宫木电机原来的仓库，是木结构的老房子。所以，他们一进公司就牢骚满腹："怎么会是这么蹩脚的小公司！"

凝聚人心的过程真让我煞费苦心。为此，我不断认真思考"经营企业最可靠的东西究竟是什么？"年纪轻轻、技术出身的我，必须承担起经营者的责任。而经营企业责任之重大，让我常常夜不能寐。

烦恼之余，我得出一个结论："人心"是最重要的。纵观历史，凭借人心成就伟业的事例不胜枚举。比如，美国的独立和日本的明治维新，其成功都是靠那些赤手空拳的人们的志向和团结之心。而由于人心涣散，最终招致组织或集团崩溃的事例，我们也听说过不少。

如果说最容易动摇、最难把握的是人心，那么，一旦相互信赖、心心相连,最坚牢、最可靠的还是人心。

新员工的联名状

前面已经提到,京瓷创立之初,资金、土地、设备这些企业经营所必需的资源我们一无所有。当然,公司信用和公司知名度也没有。在如此不利的环境中,京瓷想要生存发展,只有结成相互信赖的伙伴,依靠心与心的纽带。我考虑,首先自己要充分信任员工,在此基础上争取大家对我的信任。

> 首先自己要充分信任员工,在此基础上争取大家对我的信任。

企业经营最重要的因素,就是这个以心为本的、与员工之间的伙伴关系。让我再次强烈意识到这一点,并迫使我重新审视企业经营目的的,是下面的事儿。

1960年,也就是公司成立后第2年,公司招收了约10名高中毕业的新员工。他们工作了1年多,"基本上能够胜任了",当我有这种感觉时,这些员工却手持一张联名状，来跟我进行团体交涉。

这张状纸上罗列着"连续几年每年最低加薪多少，奖金多少"，要求保证他们的收入待遇。

招聘面试时，我就和他们说过："公司能发展到什么程度我不知道，但我一定拼命努力，把公司做好。你们愿意到这样的公司来试试吗？"他们是了解情况后才进来的，但才工作1年，就急忙向公司提出加薪要求，说："如果不提供这样的保证，我们就辞职不干了。"

刚刚成立的公司缺乏人才，招入公司后马上把他们分配到生产现场，经过一年的锤炼，这些人都已成为活跃在各部门的生力军。说实话，他们辞职对公司十分不利。但是，如果他们非要坚持自己的要求也没有办法。"大不了回到创业时点，重头再来吧！"，我心一横，答复他们说"不能接受你们的条件"。

公司成立刚两年，对于公司的前途，连我自己都没有确凿的把握。对于将来的描绘，也只能是"只要拼命干的话，总能有所成就吧"这种程度。这种情况下，为了留住他们，随口答应："现在承诺你们的劳动条件"，那就是谎话。我无法对缺乏自信、难以预料的事情做出保证。

他们见在公司中谈不拢，又去我家里，一直谈到深夜，他们还是固执己见，只好明天再谈。

到了第2天，他们仍然不肯接受我的意见，说："资本家、经营者总是说得好听，用甜言蜜语来欺骗劳动者。"对此，我说了下面一段话。

"是欺骗或不是欺骗，无论我怎么说也无法证明。身为经营者，只要自己得利就好，这种想法我半点都没有。我想让企业成为大家由衷认同的好公司。这是谎言还是真话，你们姑且就当受一回骗，跟着我试试如何？我就是拼上性命也要把公司做好。若是我经营企业不负责任，或者发生只顾我私欲的事，那时你们杀了我也行！"

谈了三天三夜，我彻底地推心置腹。最终，他们收回了要求,留在了公司,工作比之前更加卖力了。

确立经营理念

这件事成为契机,让我意识到了企业经营最根本的原则。

那之前,技术员出身的我,成立公司的动机就是"希望让自己的技术问世",对公司的未来,也仅是想到"只要忘我工作,吃饭问题总能解决吧"这样的程度。

家里兄弟姐妹七人,我排行第二,照顾鹿儿岛老家的父母弟妹我责无旁贷,然而我连这点也做得很少,又怎么能保证刚录用的员工们的未来呢?

经营者自己都不知明天会怎样。尽管如此,员工们却期待着连续多少年都要不断改善待遇,要求公司对他们,包括对他们的家人的未来做出保证。通过这次事件,我第一次了解到员工们的这种心愿。

那时，我深切感受到"自己干了一件始料未及的傻事儿"。此时，我才第一次发觉：经营企业的目的"并不是为了实现自己的梦想，而是要维护员工及其家庭的生活，不仅是现在，还包括将来"。

> 经营企业的目的"并不是为了实现自己的梦想，而是要维护员工及其家庭的生活，不仅是现在，还包括将来"。

我从这次经验中吸取的教训就是：所谓经营，就是经营者倾注全部力量，为员工的幸福殚精竭虑；公司必须树立远离经营者私心的大义。

正是那时，我将"追求全体员工物质和精神两方面的幸福"写在经营理念之首。同时为了尽到作为社会成员的责任，又加上"为人类、社会的进步发展做出贡献"这一条，以此作为京瓷的经营理念。

从那时起经过了半个多世纪。我相信，遵循这一经营理念，贯彻了以心为本的经营，才带来了今天京瓷的繁荣。

也许在外界看来，京瓷的飞速成长和高收益实质是源于技术开发能力。当然也有这方面的原因,但回顾过去,我认为,京瓷最大的优势在于,在创业的时候,就依靠心灵相通的同伴之间结成的牢固纽带,尔后又一直把公司员工间的伙伴关系作为企业经营的根基。因此,京瓷能够在企业内部构建起强有力的人际关系。通过发挥集团的合力,京瓷取得了仅凭单个成员的潜力无法获得的成果。

第 3 章

贯彻原理原则的经营

依据原理原则思考

创立京瓷,我必须对经营负起责任,但当时我并不具备与经营相关的经验与知识。

然而公司成立后,作为经营者,我必须对每天的各种问题做出判断。因为京瓷是一家刚成立的风险企业,一旦自己判断失误,公司就可能很快倾覆。因此,我必须对面临的各种问题不断做出正确的判断。心中的不安让我连日辗转难眠。

烦恼啊烦恼，烦恼之余，我意识到：在经营活动中做出的判断必须要基于世间通行的道理，也就是要符合"原理原则"。我这样思考：如果我们的判断违背了父母和老师教给我们的朴素的价值观，违背了我们一般人持有的伦理观、道德律，那么我们的事业不可能顺利发展。

于是，我决心将所有事情都回归到"原理原则"来进行判断。换句话说，就是将"作为人是正确，还是错误"作为判断基准。"把作为人应该做的正确的事情以正确的方式贯彻始终。"

正邪善恶等是人最基本的道德律。从孩童时代起，父母和老师就反复教导我们，这些规范已融入我们的血肉，与我们休戚相关。

遵循这些规范，即使没有经验和知识，也不会出现重大的判断失误。我这样想，同时付诸实践，对现实中发生的各种问题，我都基于"原理原则"进行判断。

"我是怪才,我与众不同,我否定常识……"有时会有这种故作特立独行的经营者。但我的这一套并非标新立异,不是随意否定常识,也不是居高临下、根本否定现存的思维方式。

当时碰巧我对经营很无知,这才不得不遵循"原理原则",从本质上对事物进行认真思考,仅此而已。但这样的思维方式,不仅在经营活动中,在人生所有场合下,都为我指明了正确的方向。

企业经营中也要贯彻原则

年度决算,京瓷在第 1 年就实现了 300 万日元的利润。当时我想得很简单,照这样,成立公司时从京都银行贷款的 1000 万日元,"只要 3 年就能还清"。但我后来得知利润中约有一半要缴税,再扣除给董事们发的奖金,剩下的就只有区区 100 万日元了。按这个进度还清 1000 万日元贷款要花 10 年。我现在还记得,自己当时简直不知所措:"不愿欠债,想尽快还款,这种一厢情愿的想法太愚蠢了。"

我连要交税金、要给董事发奖金这类事都不知道,对"企业组织应该是怎样的"之类的企业组织理论就更是一无所知,因此也就没有先入之见。我经营企业,不受一般宣传的经营理论和常识的束缚,一边夜以继日拼命工作,一边在碰到实际问题时,就依据做人的原理原则,认真思考,为了达到最佳效果,实际需要什么样的经营体系与组织结构等。

关于企业经营的本质,我基于上述的思维方式,把它看得极其简单。前面已提到,在京瓷成立之前就职的公司中,我不仅负责新型陶瓷的开发,还负责生产和销售用新型陶瓷材料制成的零部件。因此,对于经营中的开发、生产、销售这三个环节,我都有自己独到的理解。

对我来说,企业经营就是把开发出来的产品投入生产,通过销售获得销售额。销售额减去所花费用的差额，就是损益，仅此而已。

蔬菜铺通过吊在天花板上的橡皮绳将篮子悬挂下来，卖菜所得的钱都放进去，再从里面找给顾客零钱，店关门后算账。从一天卖菜所得的钱中减去进货的钱，剩下的就是今天的赚头。我发觉，这与企业经营本质上是一回事。

销售最大化，经费最小化

我时常会告诫自己在经营中不可持有"固定观念"。

举例来说，社会上认为，当期利润率有几个百分点就是优秀，而超过10%的话就是非常优秀的企业了。这被当作"常识"。然而，再也没有比这个"常识"更可怕的东西了。

有的企业每年都保证5%的利润率。即使日元升值，汇率大幅变动，通过努力经营，最终仍能确保每年5%的利润，但是，既然这份努力可以消化汇率变动，那么，如果没有这种变动也能付出那份努力的话，应该可以获得更高的利润率。

然而，由于5%的利润率已成为"常识"。企业为了完成这个目标采取各种措施，拼命努力。但一旦5%的利润率已经达到，就放下心来，不会付出更多努力去追求更高的利润率。"常识"可以帮助完成目标，却不能超越目标、成为再创新高的指标。

我认为，"利润无非就是销售额减去费用所得到的结果，若是如此，重要的就是努力使销售最大化，经费最小化，这样努力的结果，利润自然随之而来"。京瓷成立以来，就一直致力于构建实现"销售最大化，经费最小化"所必需的组织结构与经营体系。

我并非要否定常识。但因为我不知"常识"，才不得不基于"原理原则"进行判断。其结果就是我不断为实现销售最大、费用最小而付出努力。在这个过程中，京瓷成了高收益企业。

从本质上追究事物真相

还有这样一件事。

京瓷成立没多久,在某次会议上,财务负责人发言说到"强制存款的比例上升了",我问"什么叫强制存款比例",他回答说在银行贴现票据时,必须要强制增加一定比例的定期存款,这就是强制存款。他说的就是这强制存款的比例提高了。我又问"银行为什么要强制定期存款呢?"他回答:"银行就是这么个规矩。"我依照自己的理解,问"难道不奇怪吗?银行这么做,当支票无法兑现时银行会蒙受损失,银行为规避风险,才采取这种做法吧?"他回答说:"你说得不错。"我问道:"至今为止,我们的强制存款一直在增加吧?""是的,一直在增加。"我又问"如果这样,现在票据贴现的余额和强制存款的余额分别是多少?"答复是强制存款的余额比票据贴现的余额还要高。我提出了自己的主张:"真是岂有此理。与其讨论提不提高强制存款的比例,不如说银行既然已经规避了风险,就应该废止强制存款。"

周围的人哑然失笑,好像我一个搞技术出身的人,完全不懂人情世故。他们说:"这是和银行打交道的规矩。我们没有信用时,银行还给我们1000万日元贷款呢,您讲这些歪理太可笑了。"

我当时想,世间竟有如此不合情理的怪事。但不久,报纸上刊登了大藏省关于"废除强制定期存款"的见解。"对照原理原则,不合理的事终究是不合理的。"我更增加了自信。

把产品打进美国市场

现在,日本市场的封闭性正受到来自国外的指责。但依我的经验,因为日本形成了僵化的市场秩序,不仅是对国外,对日本国内的新兴企业也采取封闭政策,日本的大企业只从自己的系列企业中进货。

所以创业当初，我们在国内推销产品很困难。鼎鼎大名的日本电器制造商，不愿意从京瓷这种没有名气又刚刚创业的中小企业采购货物。

那时，我这样想：

"日本的电子机械工业界，都靠从海外引进技术。若是海外的知名电子企业使用京瓷的产品，即使京瓷没名气，日本的大企业也会很快使用我们的产品吧！"

我既不会讲英语，也不懂贸易，但在公司刚成立不久的1962年，我便开始去开拓美国市场。

首次海外出差

1962年7月，我从日本出发前往美国，这是我第一次出国，别说英语，就连洋式马桶都不会用。听说千叶县松户有个熟人的小区住宅里有洋式坐便器，我还特地去他家实际体验了一番。

那个时代，美元兑日元的汇率是1∶360，去美国，单是一个人的差旅费就是一笔不小的数字。这对刚起步的京瓷来说是个很大的负担。所以，当时我是怀着一种悲壮感踏上旅程的，"一定要在美国市场闯出一片天地"。当我向员工们宣布我的决定时，可能是大家领会了我的意图，也可能是为公司终于发展到可以有能力送员工去国外出差而感到欣喜，好几名干部特意搭乘从京都开出的东海道线的夜车，赶到东京羽田机场来送行。他们似乎是下班后从工场直接过来的，工作服都没换，冒着雨，向已坐在飞机里的我挥手送别。

飞机起飞后，员工们的心意让我欣喜，不由得沉浸于感慨之中。但一想到员工们对我的期待，我觉得不能把时间都耗在感激涕零上，于是，一抵达纽约，我马上就开始拜访客户。

然而，工作并没有想象中顺利。当时的做法是把贸易商社作为代理店，但商社却不积极。而且，我也不了解美国人的工作习惯，心里的焦躁感在蔓延。

住在肮脏的旅馆中，外出又不会讲英语，饭菜也不合口味。一想到员工的期待,我就想"无论如何必须拿到订单"。这个想法半夜袭来,让我做起了噩梦,全身发冷,深夜突然惊醒,日复一日。最终,宝贵的经费都花光了,也没有任何与订货相关的收获。

那时,我当真想"不会再来美国了"。

以这次痛苦经历为教训,京瓷进一步提高技术能力,1965年再次访问美国时,终于成功拿到了美国大型电子制造商德州仪器(Texas Instruments)的订单,为其供应阿波罗计划中使用的电阻棒。以此为契机,京瓷与美国大企业的生意增加,如当初预想的一样,日本国内大型企业的订单也随之增多。

与美国人的思维方式一致

最初访美印象最深的是,美国人和我一样,也基于"原理原则"做出判断。这一点,后来在美国扩展事业时,给了我极大的自信和帮助。

日本的法律体系是以德国为模板确立的，其基本是成文法，而美国采用的是判例法，因此，美国人在日常会话中经常使用"reasonable"（合理）一词。例如，不说因为法律上有这项条款所以才这么定。在判断所有事物时，都要看这件事本身是不是"正当"或"妥当"，在这个意义上，使用 reasonable 这个词。

在审判中设立了陪审员制度，征集有良知的人，决定"这个案件应该这么来判决"。然后，根据这个判例来制定社会规范，日后类似的犯罪都以此为依据。这就是美国式做法。

诸如此类，在美国以判例法为基础，日常会话中会频繁出现"合理"这个词。因此，在判断事物时，他们自己认真考虑，认为"合理"的话，就会做出迅速而明确的决断。

不知是幸运还是不幸，我在经营中没有上司可以请教，又缺乏靠丰富的经验和知识做出判断的那种境遇。所以，与美国人一样，面对一个个具体的经营问题，我都自己思考，依据自己的良知和道德做出判断。

因此，在与美国人一起讨论时，就能与他们站在同一平台，以同样的速度讨论。若是他们认为某个事件"合理"，我按自己的想法也判断"正当"的话，就会当即得出一致的结论。京瓷在美国拓展经营的过程中，工作的进展比预期更加顺利。

> 面对一个个具体的经营问题，我都自己思考，依据自己的良知和道德做出判断。

我想，这也是掌握了依据"原理原则"判断所带来的效果。

新股发行上市

1970 年，多层 IC 封装的开发和批量生产获得成功，作为高收益企业，京瓷飞速成长。公司成立以来，销售额持续同比增长 50% 左右，而且利润率也达到了约 40%。

因此，证券公司纷至沓来，费尽口舌劝公司上市。当时京瓷只是一个以订单方式从事精密陶瓷零部件生产的企业，所以那时候连上市的概念也不懂，也没想过要上市。但我还是接受了证券公司的热情劝说。在听取多方意见的过程中，我觉得为了公司和员工确实应该上市。

那时，他们教我有三种方式上市。三种方式分别是：其一，将原本在创业者手中的股票抛售到市场上；其二，公司发行新股，向市场公开；其三，将前两者折中，一部分抛售手中持有的股票，同时发行一部分新股。

据说通常采取第1种方法，创业者以及公司干部将持有的股份抛售来实现上市，原始股升值会给他们带来巨大的利润。这甚至被称为风险企业经营者的最高目标。事实上，证券公司也劝我说："你从公司成立到现在历尽艰辛，作为所付出苦劳的回报，应该把手中持有的股票抛售出去。"但是我不同意这种说法，决定采取第 2 种方法，通过发行新股上市。

企业是什么，经营者是什么

那时我考虑的是："经营者究竟是什么？"当时我是京瓷的社长，当然同时也是稻盛和夫个人，也就是说，兼备公司代表和个人的双重身份。有时候需要选择，是依公司期望的方向而动，还是为我个人的利益而动。在这个分水岭上，经营者存在本身，它的意义应该受到拷问。

另外，我也必须思考"企业是什么"这个问题。因为企业发不出声音，所以需要企业领导人，即经营者为之代言。

借上市之际，创业者公开抛售股票并没有错。经营者也完全不必有罪恶感。但是，如果公司会说话，也许就会说"对不起，如今需要设备投资，把原始股上市获得的利润用在设备投资上，企业就能巩固发展了"。

> 经营者是个人，同时也是法人代表，也就是必须是企业的代言人，必须侧耳倾听企业的呼声。

经营者是个人，同时也是法人代表，也就是必须是企业的代言人，必须侧耳倾听企业的呼声。

1971年10月1日，京瓷发行新股，股票在大阪证券交易所第二部以及京都证券交易所上市。

在首次交易中，京瓷的业绩受到高度评价，大量买家蜂拥而至，公开招股的价格是400日元，最终以590日元开盘，股票交易数量高达80万股。发行新股获得的资金最终悉数归到京瓷公司，这为公司日后发展提供了巨大的动力。

在上市这个分水岭面前，"企业和经营者应该怎么做？"对此，我做了认真的思考。我没有选择让自己个人更多获利的方式，而选择了更好地推动企业发展的方法。我认为这个判断促进了京瓷后来的发展。

第 4 章

满足客户需求的经营

做客户的仆人

我经常对员工说"要做客户的仆人"。这句话表明了与顾客打交道的态度,同时还意味着将"顾客至上"贯彻始终。京瓷在经营中,无论研究、生产还是销售,各个部门都要彻底地理解和重视顾客的需求。实际上,对刚起步的风险企业来说,这是唯一的生存之道。

我一贯强调,特别是接待客户的姿态,要把自己定位为心甘情愿为客户服务的仆人。"心甘情愿"不是

"勉勉强强不得已"的意思,而是乐于当客户的仆人,主动、愉快地为客户服务。不肯尽力去做客户的仆人,不管销售战略如何高明,也只能是画饼充饥。即使一时取得了成效,也只是单笔生意,成功难以延续。彻底地为客户做奉献,这也是经营的大原则之一。

但是,虽说要彻底奉献,但事情本身存在界限。以价格为例,无论多么便宜,也不能赔本赚吆喝。另外,关于产品质量,要追求绝对的高品质在现实中也是不可能的。再说交货日期。采购资材、生产流程以及运输等环节都要花费时间,交期不可能为零。

然而,只有对顾客的态度、服务是没有界限的。所以,必须当好顾客的仆人,为顾客提供最好的服务。

以未来进行时开发产品

毋庸赘言,若是产品不符合顾客的需求,即使去客户那儿推销也无济于事。然而,要事先准备好客户所需产品的生产设备，具备开发这种产品的技术能力，却往往不可能。特别是风险企业等规模不大的公司，具备多种产品及其开发能力的，更是稀缺。

然而，有时客户会提出"如能开发出这样的产品我们就下单"，但客户的设计书往往远远超出行业和公司现有的技术水平。当听到客户这种需求时，即使现在公司没有这类产品，或者现有的技术能力不足以应对，首先要说："行！"把订单接下来。这个态度非常重要。先拿下订单，然后再研究"如何开发""如何在短期内交货"。为了不给已经下单的客户造成困惑，就要拼死力开发。这种态度风险企业必须具备。

无论是企业，还是个人，能力这东西要用将来进行时来考虑，这点很重要。先果断设定高于自己能力的目标，最初就下定决心，设立现在看似"不可能完成"的高目标，在将来的某个时刻达成它。然后再思考具体的方法，提高自己的能力以达成那个高目标。

以现在的能力来判断是否可行，就不可能做成新的事情。现在没能力做的事,无论如何也要把它做成,只有这种心态才能有真正的创造。

不以未来进行时思考自己的能力,风险企业和中坚企业就无处寻找新的商机。咀嚼客户的需求,斟酌公司技术的潜力。当机立断说"这种产品,在这个交期内,我们一定能做出来",缺乏这种魄力,原本就知名度不高的风险企业就无法将商业机会转化为发展成果。

> 现在没能力做的事,无论如何也要把它做成,只有这种心态才能有真正的创造。

"会划破手"的产品

在产品品质上,我要求京瓷必须优于竞争对手,并能向客户稳定提供货源,需要建立这种保证体制,否则事业不可能顺利发展。

从创业时代起,在品质上,我一直对员工强调,必须生产出"会划破手"的产品,意思是具备崭新纸币那样手感的完美的产品。如果产品的品质达不到这样的程度，就不能真正让客户满意。

曾有过这样一件事。有一个技术员经过几个月的艰苦工作，终于完成了一个产品的样本，拿来向我报告。但是，我一看那样品，就冷冷地说："颜色不对！"

"我所期待的是高水准的产品，不是性能上勉强合格的东西。一看这样品的颜色就不对头，这样的东西我不认可。"

我这么说，他很不服气。因为经过了语言难以表述的辛劳，所以他抑制不住感情。他反驳道："你说什么颜色不对，但是样品的性能完全满足要求。"

因为自己花费几个月的时间好不容易做出的样品，却让我轻易否定了，他愤怒发火或许是很自然的事。但我还是坚持我的意见："我在头脑里'看见的东西'可不是这种颜色的陶瓷产品。"我命令他必须重做。我让他重做了若干次，直到他做出了与我头脑中"看见的东西"完全相同的样品。

这时候我强调说："开发人员必须做出会划破手的产品。因为产品太漂亮、太过完美，如果去冒犯它、用手去碰它，手就会划破，必须做出如此完美无瑕的产品。"

这里所说的"会划破手"的产品，不仅是指具备优越的性能，而且要求在颜色、形状上都尽善尽美、无可挑剔，同时在产品质量上必须超出客户要求的基准。我常说："哪怕说是质量过剩也行，首先必须不惜一切努力，做出'会划破手'的产品。对于开发人员来说，这一点非常重要。"

先不考虑成本，首先做出最高品质的产品，哪怕一个也行。然后，再将成本列入考虑，研究如何批量生产。我认为，这就是我们应该采取的方法。

> 产品反映制造者的心。马虎的人做出粗劣的产品，认真的人做出精致的产品。

产品反映制造者的心。马虎的人做出粗劣的产品，认真的人做出精致的产品。以马虎的态度完成粗糙的作业，然后从已做出的产品中挑选良品,这种情况实际上并不少见。我认为,我们必须设计完美的作业工序,然后"侧耳倾听产品发出的声音",细致缜密,全神贯注,做出"会划破手"的产品。

定价即经营

我认为,定价就是定经营的死活。

给产品定价有多种考虑方法。是低价,薄利多销?还是高价,厚利少销?设定价格有无数种选择。可以说,定价体现了经营者的经营思想。

为产品定下某种价格,产品究竟能卖出多少,获利多少,极难预测。定价过高,产品卖不出去;定价过低,虽然畅销,却没有利润。总之定价失误,就会给企业带来莫大的损失。

正确认识自己产品的价值,在此基础上,使单品的利润与销售数量的乘积最大,要找出这一点,据此定价。这一点也必须是顾客乐意购买的价格。

对制造商来说，一旦经过深思熟虑确定最终的价格，就必须做出努力，以求获得最大的利润。这时，"材料费多少""人工费多少""各种经费多少"，这类固有观念和常识要统统抛开。价格再加上既定的规格要求、品质要求，在满足客户一切条件的范围之内，用最低的成本制造出商品，这种努力至关重要。

赢得客户的尊敬

老话说，经商的最高境界在于赢得客户的信任。日语中表示赚钱的"儲"字拆开看就是"信者"。从古至今人们都说，信任你的人增加，你获得的利润就会增加。话虽没错，但我认为还有比信任更高层次的境界。

当然，信用是经商的基本。在经商的过程中，首先要做出努力，积累顾客的信任。但是，在追求"信用"之上，还要追求"德"。

在既定的交货时间内，以合适的价格提供给客户优质的产品。凭这些可以量化的因素，努力为客户做奉献，确实可以赢得顾客的信任。然而，我认为还有比这更高的水准，那就是赢得顾客的尊敬。这是一个更高的层次。

若是赢得了顾客的尊敬，与别家公司比较质量的高低，或者价格比它们高些、低些，这些问题都可以超越。如果在顾客的心里埋下"无论如何也想买这家公司的产品"的种子，顾客就会优先购买这家公司的产品。相反，如果顾客心中想的是"那家公司的产品不想要"，即使价格再便宜，也不会有太多的人光顾。

达到让人尊敬的程度，与顾客构建这种绝对性的关系，这才是真正的经商。要做到这一点，经营者与员工必须具备值得顾客尊敬的高尚品质。

> 达到让人尊敬的程度，与顾客构建这种绝对性的关系，这才是真正的经商。

企业就是一面镜子，这镜子映照出经营者及其员工的心灵。正因为如此，尤其是经营者要不断努力提升自己的品格。

第 5 章

挑战未来的创造性经营

不断挑战

人们常说"京瓷的发展,是因为及时参与了精密陶瓷这一成长性看好的事业;是因为京瓷具备了优秀的技术开发能力;另外也因为京瓷正好赶上了时代的潮流"。也就是说,有先见之明,有技术能力,而且运气好,才成就了京瓷的大发展。

但这只是片面的看法。我认为,若京瓷进入其他业务领域,同样会获得成功。因为京瓷具备了挑战新事业并赢得成功的所有必要条件。

要开展一项新事业，首先必须具备进行挑战的坚定的姿态。一般认为，在新事业展开时，要优先考虑资金能力、市场能力和技术能力等。但是，这些经营资源即使是必要条件，却不是充分条件。而作为前提，果断进行挑战的姿态最重要。

实际上我一直都在挑战新事业，纵有千难万苦也绝不放弃。我向员工们传递这一精神，为了证实这一论断的重要性，我们在不同领域多方位谋求发展。

其结果是京瓷没有停留在新型陶瓷零件一项事业上，而是向多项事业进军，从太阳能电池、打印机、手机等消费品到KDDI等电信事业，都获得了成功。

进入保守不前的那一刻，就是企业衰退的开始。为了避免这种情况，就必须不断向新事业进军并获取成功。企业果断地向新事业挺进，员工就得到鼓舞并不惜努力。

因为如此，经营者必须不停顿地挑战。更重要的是，即使走在前头的经营者失败了，继承这种精神的员工也会继续奋勇挑战，必须营造这样的企业文化氛围。

挑战的资格

说起"挑战"，好像很勇猛，听起来很舒服，但其中伴随着巨大的危险。我之所以可以不断挑战新事业，有个前提，就是财务状况良好，承受得起风险。

举例来说，趁1984年通信市场自由化之机，我创建了第二电电（DDI）。那时京瓷有1000亿日元以上的内部留存，即使通信业务失败，也不会动摇京瓷的根基。

有这种保障才能果断地展开新的事业，没有后盾的盲目挑战不过是蛮勇而已。要想在无论遭遇何种危机时企业都能安全航行，必须具备与此相应的资金能

> 挑战需要无限的努力，需要正面迎击困难的勇气。

力和财务保障,必须在这基础上展开新事业。

另外,挑战需要无限的努力,需要正面迎击困难的勇气。忍受不了这个艰辛的过程,新事业就不可能成功。

缺乏这些资质的人,就不要轻率地开口提挑战。坚实的财务基础自不必说,只有具有挑战的姿态和相应觉悟的人,才能挑战独创性事业并获得成功。

描绘无限梦想

风险企业的经营者必须是不断挑战新事物的人。

> 风险企业的经营者必须是不断挑战新事物的人。

换句话说,不能是停滞不前、安于现状的人。另外,必须是满怀希望、能为未来描绘无限梦想的人。

还有,必须是不拘于常识的人,不被常识所束缚,相信只要努力就能开辟成功道路的人。

为了将梦想变成现实，必须具备坚强的意志和巨大的热情。"想要这样""必须做成这样"，这种强烈的意志必须从灵魂深处迸发出来。

不管遇到何种困难，坚决克服它，不达目的誓不罢休，这种强烈的意志，必须从心底喷涌而出，不是这样的人就不可能成就创造性的事业。

"先凑合着干干试试""因为人家干了，我也干"，仅是这种程度，新事业绝不会成功。不管遇到什么困难都决不放弃，非实现不可，如果缺乏这种强烈的愿望，新事业的成功也好，企业的多元化经营也好，基本上都不可能。

渗透到潜意识的强烈愿望

许多人说，在研究开发领域，多个研发课题中，有一部分成功就不错了。我认为这不对。

我作为技术员开始步入社会，长年从事研究开发。

我采用的方法，如果打个比方来说，就像狩猎民族追逐猎物那样，一枪在手，跟随猎物的足迹，不眠不休地追踪、追逼，无论如何也要逮到猎物。

就是说，"无论如何非这样不可"的愿望，"不管怎样必须干成"的责任感，"绝不示弱"的、激励自己的意志，用这样的愿望、责任感、意志，坚持到最后获得成功。

我经常在公司里说，"怀有渗透到潜意识的强烈而持久的愿望，以此来实现自己定下的目标"。

只要有强烈的愿望，目标一定能实现。因为，愿望如果强烈，就会深深渗入自己的潜意识中。这种潜意识中的愿望，不管是本人在睡觉时，还是似乎什么也不考虑时，它都一直在活动，促使人采取行动，直到愿望实现。

如果愿望单单停留在希望的层面，绝不会成功。日复一日，反复思考，渗进潜意识，抱有如此强烈的愿望并将其付诸实践，即使是在新领域中，目标也一定能实现。

多层 IC 封装的开发

在这里，我想谈及在京瓷发展中具有划时代意义的产品——"多层 IC 封装"的开发。

IC（集成电路）在我们身边的电子产品中被广为应用，已成为我们生活中不可或缺的东西。保护 IC 的东西被称为 IC 封装。

20 世纪 60 年代，京瓷创立后没多久，正值电子产业的蓬勃发展期。晶体管技术确立不久，IC、LSI（大规模集成电路）又掀起另一股时代浪潮。于是，位于美国西海岸的硅谷，与半导体相关的企业大量涌现。这些企业来到京瓷，多半是为了从京瓷购买保护半导体芯片的陶瓷零部件。

1969 年春天，我拜会美国某家电子零件制造商时，接到生产高密度封装的委托。这就是第一代多层 IC 封装。

长宽 25 毫米，厚 0.6 毫米、印刷了电路的两层陶瓷板相重叠，在这两层电路板之间通过 92 个 0.25 毫米的小孔接通电流，还要从四周引出 36 根细栓。这远远超出了京瓷当时的技术水平。

真正的创造来自哪里

这一划时代的产品，开发时间只有短短 3 个月，这是客户的要求。我想，只要集当时京瓷技术之大成，应该能做，因此接下了订单。然而，一旦进入实际的试制阶段，我才明白这项工作的难度之高，完全出于想象。

首先，公司没有进行细微印刷加工的机器。而且，要在陶瓷板上钻出直径 0.3 毫米这么微小的孔，这项技术也没有。另外，陶瓷板的烧结过程中，印刷好电路的金属会燃掉。最难的是让两片陶瓷板紧密贴合，因为陶瓷板在烧制过程中会扭曲变形，很难紧紧结合在一起。好不容易解决了这些难题，但接下来的问题是通过92个小孔的通电接线接触不良，开发工作难以进展。

开发团队在两个月中几乎不眠不休，没人提醒的话连吃饭都会忘记，绞尽脑汁，千方百计，全身心投入。总算做出了一个，虽然只有一个，但终于做出来了，那一刻的喜悦之情是任何东西替代不了的。

这期间，在这些开发人员的头脑中没有任何一丝杂念。在制作一个合格品的过程中，为了克服一个接一个冒出来的障碍，不管睡着还是醒着，开发人员每时每刻都在思考解决方法。他们决不从困难中逃避，用真挚的态度从正面面对困难，认真解决。

在这种状态下，原以为很困难的技术问题一个个迎刃而解。我甚至想，那也许是因为神看见了我们拼命工作的样子，那极度认真的状态，被感动了，同情我们，怜爱我们，因而伸出了援助之手。

常有这样的情况发生：难啊难！被逼到了穷途末路，在这种状态中，会突然发现迄今为止一直被忽略的现象，因而一举解决问题取得进展。

这或许应该称为"神轻声的启示"，正是这一瞬间，才踏上了真正的创造之路。

也就是说，只有在相伴着紧迫感的状况之中，创造之神才会出手相助。只有在以真挚的态度面对困难、处理问题的时候，神才会打开创造之门。在闲暇和安乐之中只会萌生不疼不痒、心血来潮的念头。

我从开发多层 IC 封装的过程中，学到了这些宝贵的经验。这一产品的开发成功，带来了京瓷往后的高速发展。

崇高的志向是能量的源泉

人为什么而活着？我觉得应该思考一下这个问题。不管时代和国家如何变迁，"既然生而为人，希望过一个充实的人生"，大概每个人都会这么想吧。当回首往事时，感到"为世人做出了贡献，自己也很幸福"。我想这才是人们最终所追求的人生状态。

不错！这一定是人们所追求的人生态度。我为什么对此深信不疑呢，因为凡是人，都有将自己的工作和人生正当化的强烈欲望。换句话说，人们总想在自己的人生和工作中寻找出价值和意义。若非如此，没有人愿意几十年如一日，持续不断地勤奋工作。

更重要的是，人生的目标必须志向高远。低层次的、往后会懊悔的志向，会在中途让自己的热情下降。

> 人生的目标必须志向高远。低层次的、往后会懊悔的志向，会在中途让自己的热情下降。

另外，一般认为，有积极性，有高涨的热情就一定可以成功，但如果热情中夹杂私心，成功的原因同样会成为没落的原因。也就是说，不纯粹的高涨的热情虽会带来成功的美酒，也挖下了失败的陷阱。

当然，事业要成功，首先需要不同于常人的巨大的热情。然而在成功的过程中，如果人格、人生观和哲学不予净化，没有提高，这种成功就无法延续。在这种情况下,过于强烈的热情,在某个时候就会与周围发生摩擦。而且,过于极端的目标必达意识,可能驱使人做出违法的行为,从而成为没落的原因。

要成就某项事业,需要极大的能量。正因为如此,必须具备任何人、从任何角度看都能认同的高迈的志向和目的。否则,就不能发挥出自己全部的潜力,就不能得到周围人们的帮助,就不能将成功延续下去。

相信自己

我一贯注重独创性。所谓独创性,就是实现他人从未做过的事情,或是他人认为无法做到的事情。

日本的技术和经营方式,大都模仿欧美,通过日本原创而获得成功的事例鲜有耳闻。作为技术人员,作为日本人,这是令人遗憾的事。我想,按照日本人的思维模式,很难萌发创造性的事物。我甚至觉得,在创造性领域中,日本人背负着不利的条件。

然而，要想积极开展事业，创造性的姿态不可或缺。当然，向过去无人涉足的、真正创造性的事物发起挑战，难度之高也是其他工作无法比拟的。

这就如同在伸手不见五指的黑暗中，无人引导，摸索前行。此时，莽撞之徒或许会起身横冲直撞，然而，他必定会即刻被那些难以发觉的坑洼绊倒摔跤。

再看那谨小慎微之辈，也许会四肢匍匐于地，畏怯地用手爬行探路。其中不乏胆小鬼，瞻前顾后，不敢进也不敢退，只能原地踏步。在开拓未知领域时，人的性格、人格就会显露无遗。

独辟蹊径与步人后尘完全不同。前者凡事只能靠自己去证实，就是说必须用自己的手触摸，用自己的脚踩踏，用自己的头脑确认，才能不断前进。而后者只需追从前人的足迹。

从想要开始真正创造的那一刻起，最重要的就是信任自己，也就是要有自信。相信自己心中持有的

> 从想要开始真正创造的那一刻起，最重要的就是信任自己，也就是要有自信。

确凿而不可动摇的判断基准,并据此采取行动。否则,就会在创新领域的摸索之路上迷失方向。

力求完美

在研究开发和开展新事业等创造性领域工作的人,在技术方面当然要求出类拔萃,在精神层面也必须充实,要有自己衡量事物的尺度,也就是说需要具备判断事物的基准。

以我的亲身经验为例。我在学生时代做的实验可以说就是胡闹,在化学实验中,分析值与课本上的数据没有一次能对上。因为实验结果与老师所出示的不同,所以有好多次都要重新做实验以修正数据。

因为有前例做基准,所以能了解自己的错误并加以修正。然而,若是不存在任何可以比较的对象,用什么来判断自己是否正确呢?甚至连是否需要修正都无法判断。

这时候,不是"做到这个程度就行了",而是对任何事都要追求完美，这种态度很重要。

举例来说，大多数医生都不敢为自己的妻子和父母等近亲做诊断。特别是外科手术时，大都不敢亲手主刀，而是拜托自己信赖的医生，就是说无法信赖自己。

战争时期，在海军航空队中维修设备的伯父也提过类似的事。

负责维修飞机的人必须作为飞行员乘上轰炸机，但这时，自己维修的飞机自己不敢乘，而要与战友维修的飞机交换搭乘。

究其理由，若是每天都认真仔细地维护保养飞机，就会对飞机的安全性具备自信。如果没做到这种程度，就不会有充分的自信。

飞机的维修保养会严格依照规定实施，维修人员也会拼命工作。但若问"是否完美"却没有确凿的自信。因此考虑到万一，才搭乘他人维修的飞机。

刚才讲到的关于医生的事也一样，因为没有做到完美，所以缺乏自己对于自己的信任。但如果我是外科医生，在亲人需要手术时，我会亲手主刀，而不会拜托任何人。如果我是个维修员，就会搭乘自己维修保养的飞机。

为什么？因为我有自信。我自己每天都在持续地实践，追求完美的生活态度。只有每天都实行完美主义，才有自信去决定自己的方向。反过来说，若是缺乏追求完美的生活态度，就无法信赖自己，成为不知道飞向何方的迷航的飞机。

要达到完美，就意味着要抑制自我姑息的情绪，不许自己找借口，时时用一丝不苟的态度严格自律。

只在必要的瞬间集中精力就行，这种马虎安易的态度不可取。保持充分的紧张感认真对待日常的工作，所有事情都要认真处理。养成这种习惯非常必要。

磨炼出这种敏锐的神经，习惯成自然，那么，即使在毫无经验的、创造性领域中，我们也能做出正确的判断。

第6章

阿米巴经营与单位时间核算制度

全员参与的经营

组织越是肥大,就越难发现浪费。在京瓷持续成长、组织不断扩大的过程中,我意识到,必须要把大组织分割为小组织(细胞),消除经营中的损失浪费。另外,为了让企业中每个人都能干劲十足地工作,需要一种组织形式,便于最大限度发挥每个人的能力。从这个观点出发,我想出来的经营手法就是阿米巴经营。

一个个组织随着环境的变化而变换它的形式，实现自我增值，故称为阿米巴（变形虫）。阿米巴在公司内部互相进行买卖，如同一个中小企业在活动。

中小企业的经营者千方百计，在大企业无法盈利的工作中想方设法谋取利润，顽强地生存。阿米巴经营目的是在企业内部形成这种与中小企业相似的有生命力的组织体，在公司内部培育出与中小企业经营者具备相同经营感觉的领导人。

再则，处于末端的每个员工都掌握自己所在阿米巴的经营目标，在各自的岗位上为提升业绩而努力，实现全员参与型经营。这些就是阿米巴经营的目的。

把经营委托给阿米巴长

关于组织，有根据产品分组的阿米巴，其中，虽只有一个品种但生产规模很大的；还有按照制造工序划分阿米巴。在每个阿米巴的人数上，虽然有个大概的基

第6章 阿米巴经营与单位时间核算制度

准,却不要求相同或者固定,所以不设立绝对的基准。正如阿米巴这个名称一样,组织及人数等可依据经营环境自由变化。

虽然总公司有时会对各个阿米巴下达指示,但基本上把经营委托给各个阿米巴长。虽然上司的认可是必要的,但各个阿米巴的经营计划、业绩管理,从货物采购,到劳务管理,全部都交由阿米巴长来决策。

这种阿米巴经营从创业不久开始延续下来,京瓷的阿米巴长,即使是30多岁的年轻人,也每天都带着核算意识,通过经营实践,养成了非常敏锐的经营感觉。

除此之外,刚进公司的年轻员工也马上能得到锻炼,培养出扎实的核算意识。如果上司不经意间造成了浪费,他们也会毫不留情地指出"这样不行,会增加经费的"。这就是我之前提到的,全员参与的经营。

把心心相印的信赖关系作为基础

阿米巴以独特的计算方式来表示收支,就是单位时间产生多少附加值。简单来说,各阿米巴的销售额减去消耗的全部费用,剩下的余额,除以月总劳动时间,以这个数字作为经营指标。我称之为单位时间核算制度。

在京瓷,做出了高业绩就自以为了不起,在公司内摆架子,逞威风,其中还有要求奖金回报,这类现象一概没有。阿米巴经营不是需要物质刺激的经营体系。

阿米巴经营虽然是一种经营体系,但又不单纯是一种经营手法。如果仅是经营手法,那就像衣服一样,只要学会穿着的方法和程序,就能轻而易举地穿上身。然而,把阿米巴经营仅仅当作手法引入,并不能正常发挥它的功能。阿米巴经营的基础中,必须要有前面提到的京瓷哲学。

第6章 阿米巴经营与单位时间核算制度

京瓷的经营理念如前所述，是"追求全体员工物质与精神两方面幸福的同时，为人类和社会的进步发展做出贡献"，经营目的不在于谋求经营者的利益，而是为全体员工谋幸福。因此，经营者能够毫不迟疑地从正面要求各阿米巴拼命工作。

为了让阿米巴经营正常运转，就必须存在像京瓷哲学中所说的员工与经营者，以及员工与员工之间深厚的相互信赖关系。同时还必须构筑一种公司风气：大家都努力去做"作为人应该做的正确之事"。否则的话，阿米巴经营会挑起员工间不正当的竞争心，甚至可能导致恶习猖獗，造成企业人心涣散、道德崩溃。

对阿米巴经营来说，最重要的不是自己的组织获得了多少利润，而是要让大家考虑，自己的组织在每小时生产了多少附加值，对作为命运共同体的公司做出了多少贡献。

所以即使阿米巴对公司有很大贡献，也不发奖金。金钱纵然可以操纵人心，但只能奏效一时。在阿米巴经营中,即使业绩突出,也只给予精神上的鼓励,只给名誉。

> 从相互信赖的同伴那里获得赞赏与感谢,是最高的报偿。

从相互信赖的同伴那里获得赞赏与感谢,是最高的报偿。为了让员工自然而然接受这种基于人类本质的思维方式,上述经营理念与京瓷哲学是必不可少的。

第二部分

"哲学"的根基之一
稻盛和夫的思想

1973年提出如下目标：月销售额达到18亿日元，全体员工去关岛旅游；月销售额突破20亿日元，全体员工去夏威夷旅游（左边第2人是作者）。

第 7 章

人生方程式

"能力"是先天的

创立京瓷不久,我找出了表达工作和人生成果的方程式,即

人生·工作的结果 = 思维方式 × 热情 × 能力

我多年来一直是依据这个方程式工作的,也只有这个方程式才能解释自己的人生和京瓷的发展。

1932年1月,我出生在鹿儿岛市内一个并不富足的家庭里。不是名门望族,没有显赫的家世,而我自己

的中学大学入学考试,还有求职考试每次都失败。从这些经历来看,我只是一个具有平均能力的平凡之人。同时,京瓷也只是由具有平均能力的人组成的集团。

能力平凡的我,有什么办法可以成就不平凡的事业呢?苦思冥想的结果,得出的就是这个方程式。

表达人生的结果以及工作的成果的这个方程式的三个要素中,"能力"大多是先天的。父母或上天授予的智力、运动神经和健康都如此,这些都是人生中重要的资产。

在漫长的人生中,难免几度沉浮。在此过程中,强健的体魄无疑是一笔很大的财富,但是,就是这个健康中,也有许多先天的因素,自己个人对此无法全面负责。

如果给这个可叫作天赋的"能力"打分,那会有个人差,可从 0 分到 100 分打分。

"热情"由意志决定

这个"能力"再乘上"热情"这一要素。

第 7 章 人生方程式

"热情"也可以称为"努力"。从完全没干劲、没朝气、没霸气的人,到对工作、人生充满燃烧般的热情、拼命工作的人,之间也存在个人差,也从 0 分到 100 分打分。这里说的"热情",可以由自身的意志来决定。

我最大限度地发挥"热情",持续无止境的努力。在最初就职的电瓷瓶制造公司从事新型陶瓷的研究时,从与同伴创立京瓷公司起一直到现在,我觉得只有付出数倍于人的努力才能追上别人,因而全身心地投入工作。身边的人常说我"总有一天会累趴下"。

可将此比喻为跑马拉松。42.195 公里的距离,像跑短跑那样,用全力全速去跑,世上的人看到我这么蛮干,奚落我、讽刺我也属正常。

我的想法是,既然来参加比赛,若是慢悠悠跑在最后就没有意义,至少在最初的两公里我想与跑得最快的人一起,所以从一开始就全力奔跑起来。

然而,跑完这两公里,环顾四周,所谓的知名选手也并不太快，于是我就想"这样的话，我还行"，于是再加速。在这个过程中一举超越了前面的选手。这就是我直观的印象。

"思维方式"从正到负

接下来的"思维方式"是最重要的要素。

所谓"思维方式"，发自人的灵魂，亦可称为人生态度。这种态度是不是正确？要受到追问。前面提到的"能力"与"热情"是从 0 分到 100 分，而"思维方式"有更大的振幅，从 –100 分到 +100 分。持有否定思维方式的人，他的人生会迎来负面的结局，这种情况非常多。对此，用这个方程式就能做出解释。

因为"能力""热情""思维方式"三要素是相乘关系，所以人生工作的结果就会有天壤之别。

举例来说，如果有人身体健康，运动神经发达，头脑也聪敏，"能力"这项能打到 90 分。但如此有能力的人，若是过于相信自己，自以为"头脑聪明，体育好，很健康"，因而不愿认真努力，那么他的"热情"只有30分。90分的能力乘以30分的热情，他只能得到2700分。

另一人，认为"自己的能力只能算中等偏上，只可打60分。正因为没有杰出的才能，所以必须拼命努力"，从而点燃热情，埋头苦干。那么他的"热情"可以打90分，这么一来，60分乘以90分，得到5400分，是刚才那位聪明人的两倍。然后在这个结果上要再与从–100分到+100分的"思维方式"相乘。

求职过程中自暴自弃

若愤世嫉俗，妒恨他人，否定真挚的生活态度，即以否定态度对待生活，那么，在前述方程式中的"思维方式"就成为负值，这时，"能力"越强，"热情"越高，人生和工作的结果就会越糟糕。是否拥有正确的哲学，人生的结果将截然不同。

当我大学毕业时，正赶上就业难的时期，我的就职活动碰了壁。

为了省钱，我乘普通列车，花了3天时间从鹿儿岛来到东京找工作，但没有一家公司录用我。那时，没有门路就找不到工作。

于是我开始自暴自弃，走在鹿儿岛繁华的大街上，我曾经想过："世间穷人没好报，不公道不平等横行于世。与这个冷漠的社会相比，充满道义人情的仁侠世界不是更有人性吗？倘若如此，倒不如加入黑道呢。"

现在想来，当初若是真的加入黑道，恐怕在九州如今已经自成帮派、小有名气了。

因为我有不亚于任何人的"热情"，也不缺乏"能力"，但"思维方式"却偏离了正道，朝着反社会的方向，那么我的人生结果很可能出现很大的负值。

"能力"与"热情"的重要性也许众所周知。但这

"思维方式"、哲学在人生中何等重要,却没有任何人教我们。然而,看这个方程式可以明白,在人生中,持有正确的"思维方式"才是最重要的。

成功的王道

松下幸之助先生和本田宗一郎先生都没受过高等教育,一出校门就开始了学徒生涯。他们既没有最高学府的学问经历,也没有多少专业知识。

但比什么都强的是,他们两人胸中都有燃烧的"热情",都付出了不亚于任何人的努力。同时,他们具备崇高的思想,希望通过自己的事业,为员工、为世上众多的人做出贡献。

人往往如此,越是毕业于名校,越是有学问,就越依赖于"能力",而对"热情"、"思维方式"重要性的认识趋于淡漠。可能是这个原因吧,毕业于名校的创业者中,获得成功的人意外地少。

我觉得，正因为有才能，才无法谦虚地思考，不肯诚实地付出努力。

成功无捷径。始终满怀热情，坚持认真踏实地努力，看来这是愚笨无比的方法，实际上却是通往成功的王道。

第8章

境由心造

驱动潜意识

我认为,事情会像心中所描述的那样成为现实。潜意识会引领人走向成功。

为经营课题和各种问题所困扰,一筹莫展,这是经营者的家常便饭。对于悬而未决的难题,全身心地投入,睡也想、醒也想,24小时不停地思考,能不能做到这一点,是成败的分水岭。

> 强烈而持续的愿望会渗透到潜意识中。

强烈而持续的愿望会渗透到潜意识中。于是,在休息或是半睡半醒的瞬间,即使在与该难题分离的时段,潜意识也会启动,给我们成功的启示。

心理学家认为,潜意识的容量远远大于显意识。另外,在通过催眠调查人下意识的心理学实验中,当事者说出自己没有意识到的事情,这类情况也不少见。

事实上,在日常生活中,不只是显意识派用场,潜意识发挥作用的时候也很多。

例如开车,新学车的人靠驱动显意识,把注意力集中在驾驶上:"左脚踩下离合器,同时左手挂挡,然后脚缓缓抬起离合踏板……"⊖但习惯之后,意识完全不放在开车上,一边思考别的事情,一边照样轻松驾驶。这就是潜意识在发挥作用的缘故。

可是要达到这一步,必须经历全身心投入、不断驱动显意识的过程。

⊖ 日本车辆为右舵,靠道路左侧行驶。

也就是说，为了让潜意识起作用，就必须让愿望强烈到渗透至显意识之下。对眼前的课题敷衍应付、淡然处之，这种状态下，愿望绝不可能进入潜意识。

要想成功，就要持续怀有如烈火般熊熊燃烧的热情，只有这样愿望才能渗入到潜意识。就算没有特意去意识，潜意识也会带你走上梦想成真的道路。

所谓"看见"

我在公司里一直都说"要怀有能够渗透到潜意识中的强烈而持久的愿望，以此来达成自己设立的目标"。

强烈的愿望与反复思考是同一个意思。就是说，如果渴望成功，对相关课题就必须反复不断地模拟推演。

想成就全新的事业必然会遭遇重重障碍。所以，针对这些障碍，事先要在一切方面研究对策。在反复的模拟演习中计划进展的情形，就会在自己的头脑中被鲜明地描绘出来。

也就是说，对成功的过程进行反复的思考，这时，现实中未曾经历的事就好像已经获得成功一样，那情景会鲜明地、像彩色影像那样浮现在眼前。要达到这种程度，必须持续不停地思索。

> 为在新事业中获得成功，必须持续保持强烈的思索，直至能够"看见"成功的样子。

为在新事业中获得成功，必须持续保持强烈的思索，直至能够"看见"成功的样子。如果没有如此良苦用心，开辟新领域的经营活动绝不会成功。

唤来幸运的"美丽心灵"

经常看到这样的人——有能力，又一直拼命努力工作，却见不到成功的果实。观察这种人，持"只考虑自己的利益"这类错误思维方式的占多数。他们的心灵是浑浊的。

能够获得成功的人，在具有刚才讲到的"强烈愿望"的同时，还要怀有一颗美丽的、明朗的、没有丝毫杂念的、纯粹的心。

比如，定下"想增加销售额"的目标。但确立这个目标时心灵的状态是："虽想增加销售额，但是障碍重重，实际上很难达到。"在这种忧心忡忡的状态下，实现目标真的会很难。还有一种心理状态"想增加销售额，这样自己的娱乐费就可以增加"，出于自私的动机，目的也很难达到。

需要追问描绘愿望的那颗心的状态。如有让心灵负疚的"浊物"和"污垢"存在，就绝对无法达成目标。

与宇宙的意志相一致

对于上述结论，我这么思考：宇宙间存在着让一切事物生成发展的真理，我们的思维方式和生活态度只要顺应这宇宙的真理，就一定会顺利。

在宇宙物理学中，与开辟宇宙相关的宇宙大爆炸学说已成定论。在约140亿年前，宇宙起源于一小撮基本粒子引发的大爆炸。现在宇宙还在不断膨胀。

　　根据这个学说，伴随着大爆炸，基本粒子结合，产生质子、中子和介子，形成原子核。电子被吸引到原子核周围，这就形成了原子。接着原子结合成分子，分子结合成高分子。生命体诞生。生命体不断进化，造就了今天这个不可思议的伟大的宇宙。

　　就这样，宇宙没有一刻停滞，山川草木，一切的一切都在不断地生成发展。基本粒子本可以一直保持它基本粒子的状态，但它演变成了原子，原子到分子，再到高分子，高分子到生命体，生命体至今不肯停止它的进化。

　　一切事物都不停顿地生长发展，宇宙间存在着这种潮流。我认为，这就是宇宙的意志，或可称为宇宙的真理。

　　森罗万象，一切事物都在进化发展，是否与这种宇宙的潮流合拍，决定了人生与工作的成败。这是我的观点。与宇宙的潮流相协调，采取不断进取的思维方式和生活态度，人生和事业就能获得丰硕的成果。

如果是这样，那么，与宇宙的意志相协调的思维方式是什么呢？容纳一切事物并促进其发展，也就是基督教所说的"爱"，佛教教导的"慈悲"，换句话说，就是充满温暖的关爱之心。

第 9 章

关爱之心

利他心

关爱之心和"爱",也可以称作"利他心"。所谓利他心,就是不只考虑自己的利益,就算做出自我牺牲,也要为对方尽力的那颗心,是作为人最美丽的心。我觉得在商业世界里,利他心也是最重要的。

很多人认为,在竞争激烈、弱肉强食的商业社会中,讲什么"爱"和"利他",只会失败,不可能成功。在此,我想举一例来证明事实并非如此。

京瓷的美国分公司 AVX 公司是一家电子零部件制造商，1995 年在纽约交易所重新上市。从收购该公司到重新上市，其间的经历表明，即使在商界，"利他"精神也特别重要。即使短期会有一些牺牲，但长远来讲必定会得到回报。

邂逅 AVX 公司

我与 AVX 公司的邂逅可以追溯到 1974 年。当时该公司的经营者名叫马歇尔·巴特勒。他提出一项申请，要求终止爱诺 box（AVX 公司前身）与京瓷签订的一项专利合同。我与 AVX 公司及巴特勒先生就是在这种情况下见面的。

早在 20 世纪 70 年代初，我就深信应用多层陶瓷技术的大容量复合电容器一定前景光明。得知美国爱诺 box 公司业已掌握了此项生产技术，我决心引进该技术。

那时签订了购买该项专利的合同。内容是京瓷在日本生产多层陶瓷电容器,并在全世界销售,而在日本国内的销售则由京瓷垄断。

之后,爱诺 box 分化为两个公司,其中涉及多层陶瓷电容器业务的就是 AVX 公司,巴特勒就任该公司的一把手。他上任后得知爱诺 box 与京瓷签订合同的内容后,提出要终止该项合同。大概是他感觉到,日本电子市场前途一片大好,合同内容却规定"AVX 公司的多层陶瓷电容器不能在日本销售",这明显对自己公司不利。他给京瓷寄来一封信函,希望废除这项合同。

主动终止专利合同

京瓷与爱诺 box 公司的合同已是板上钉钉,而且京瓷已经支付包括日本国内专卖权的许可费用。在大多数人看来,完全可以无视巴特勒的要求,但我却不这么想。

我是从"作为人,何谓正确"这条原理原则出发来考虑的。我认为"这项合同在法律上没有问题,但站在原理原则的观点来看又如何呢?确实如巴特勒所言,是不公平的。只对京瓷单方面有利,解除合同是正确的"。我接受了巴特勒的申请,从合同中删除了京瓷拥有日本专卖权的那部分内容。

班尼迪·克罗森先生当时任职于AVX公司,担任该公司的最高经营负责人,并兼任京瓷的专务董事。他在美国《焦点》杂志(1995年11月号)访谈栏目中说道:"当时,巴特勒认为合同(京瓷与爱诺box公司关于多层陶瓷电容的合同)不公平。令人吃惊的是,届时身为京瓷社长的稻盛和夫先生也承认了这一点,修改了合同。也许有人认为京瓷因此放弃了巨大利益,但他们没有看到长远利益。正是这件事让两家公司确立了友好的关系。"

他承认,那时形成的友好关系在后来京瓷收购AVX公司时起了很大作用。

第9章 关爱之心

但是，在收购 AVX 公司时，我已将这件事忘得一干二净。直到 AXV 公司在纽约证券交易所再次上市之后，我才想起了这些有意义的往事。

提议交换股票

决定收购 AVX 公司时，我完全出自商业上的考虑，是考虑到京瓷集团的未来发展而做出的决断。

京瓷要推进全球战略，必须要在集团内部拥有像 AVX 公司这种在世界上具备实力的电子零部件厂家，才能成为可以提供多种电子零件的综合电子零部件生产商。这是我的判断，即基于商业战略的合理判断。

我一直都强调为对方着想的重要性，但实际的商业开展中，合理的战略也必不可缺。重要的是实施战略时的做法。要做到为对方着想，采取作为人应该有的正确的方法来推进战略。

1989 年，我对时任 AVX 公司会长的巴特勒提出了收购建议:"让我们联合起来,以电子零部件厂商的立场,为世界电子产业的发展做出贡献吧。"巴特勒爽快地接受了,但问题是采用哪种方法。

在众多方法中,当我提议交换股票时,巴特勒马上同意了。于是双方决定,当时在纽约证券交易所中股价为20美元上下的股票,价格增加5成,定为30美元,用在该交易所同期上市的京瓷股票(ADR=当时82美元)与之交换。

但巴特勒马上又提出,30美元太低,希望再增加一成左右,调整为32美元。美国统辖公司社长、京瓷常务董事罗德尼·罗森先生及美国律师都反对接受巴特勒的要求。理由是,如果轻易接受对方的说辞,对方在今后的交涉中就会得寸进尺,提出无止境的要求,对京瓷不利。

然而我考虑的是,巴特勒要对AVX公司的股东负责,他要求尽量抬高股价是理所当然的,因此同意了他股价增加一成的要求。

第9章 关爱之心

再次接受重要的变更

然而,到1989年12月实际交换股票时,由于道琼斯平均指数下降,京瓷的股价也跌落了近10美元,保持在72美元。巴特勒看在眼里,又再次联络京瓷,提出由于京瓷股价下跌,应该随之将之前商定的以82美元对32美元的交换条件调整为72美元对32美元。

这次连我也觉得对方有点过分,说:"若是京瓷业绩不好,只有我们一家公司股价下跌的话,我们有责任这样做。但市场整体股价下跌,就没有必要变更交换率。"

尽管如此,巴特勒还是执意主张变更交换率,他说:"理论上也许是这样,但我们有许多股东,在现实中不可能用82美元去交换就要跌到70美元的股票。"

不用说,罗德尼社长和律师们都竭力反对:"是因为市场整体股价下跌,不能答应他的要求,我们的主张合情合理。"并希望以此来回绝。

但是，我体会到了巴特勒为股东考虑的心情，重新试算以新的交换比率收购是否合算。之后，我确信只要我们努力，就一定可以收购成功，再次接受了对我们不利的条件变更。

AVX公司的飞速发展

这一系列的判断，不是算计，也不是感情用事。因为我考虑到，所谓并购，就是文化完全不同的企业结为一体，就像企业间的联姻。这样的话，就要最大限度地为对方考虑。

> 所谓并购，就是文化完全不同的企业结为一体，就像企业间的联姻。

收购后，京瓷的股价开始不断上涨，AVX公司的股东获得了巨大利益，非常高兴。喜悦也感染了公司员工。一般来说，被收购方对收购方天生就会产生反感和不满，但这次却没有。双方从最初就能进行良好的沟通。

第 9 章 关爱之心

这一事件为之后的工作打下了基础——AVX 公司没有特别的反感和抵触，就接受了京瓷的经营哲学和经营体系。在并购后不到 5 年的短时期内，该公司在纽约证券交易所再次上市。

AVX 公司再次上市，也为京瓷带来了巨大利益：1996 年 3 月通过抛售股票获得约 346 亿日元的收益，还带来约 1476 亿日元（1995 年 9 月底）的溢价收益。

除此之外，AVX 公司在被收购后持续高速发展，销售额从并购之前 1989 年约 4.22 亿美元增长到并购后 5 年，即 1994 年的约 9.88 亿美元，是之前的约 2.4 倍。盈利是之前的 5.5 倍，即 1.1 亿美元。

在泡沫经济时期，有许多日本企业收购美国企业，但随后都纷纷撤退或卖掉了。没有像 AVX 公司这么成功的案例。

我认为，这是"利他心"结出的果实。看重对方，为对方着想的行为，表面上看起来似乎让自己蒙受了损失，但终将带来意想不到的成果。

第 10 章

好心有好报

决断的动机是助人

我认为,在企业经营这个领域,"以关爱之心诚实处事"这一条也非常重要。换句话说,"行商就有对方,包括对方在内大家都高兴,皆大欢喜",这才是经营的要诀。

"关爱之心"在经营这个领域也很重要;而且关爱别人,施恩惠于别人,这种恩惠将会轮回,返回到自己身上。我想用下面这个实例来说明这个道理。

1998年，日本的中型办公设备生产厂家"三田工业"面临破产，他们请求京瓷救助。

经过研究讨论，我决定接受他们的要求，并从京瓷派遣财务总监，在制订企业重生计划的同时，以新生"京瓷美达"的名义组织企业重建。这件事绝不是出于什么战略战术，决断的动机归根到底就是为了帮助别人。

当时三田工业负债400亿日元，重建计划中，打算花费10年时间偿还债务，但由于京瓷派去的社长以及全体员工的巨大努力，剩余的债务到2002年3月末一次付清，就是说提前7年完成重建计划，从此开始京瓷美达新的征程。

京瓷美达的这位社长在2001年年末的京瓷集团全体干部会议上流着眼泪讲了下面这段话：

"京瓷美达今天重生了，变成了一个高收益的企业。现在全体员工满怀希望，充满喜悦之情。回想在20多年前，是稻盛名誉会长救助了我，而今天我变成了救

第 10 章　好心有好报

助别人的人。想到这种命运的轮回，我感觉到真是不可思议。想当初，我所在的公司摇摇欲坠，以稻盛名誉会长为首的京瓷的干部们救助了苦难中的我。这恩要报，通过重建三田工业，我报了这恩。我深深体会到了报恩的喜悦。"

原来，曾有一家名叫赛博耐德工业的企业，生产销售步话机。在 20 世纪 70 年代，美国开始爆发式地普及无线通信用的步话机，伴随这股热潮，赛博耐德工业急剧发展。

但是，这种依靠单品种生产一下子迅速膨胀的企业，往往同时孕育着巨大的风险。实际上也只风光了短短几年：赛博耐德工业曾经依靠来自美国客户雪片般的订单，开足马力，满负荷生产。但是随着步话机规格的变更，特别是美国开始限制从日本进口步话机，情况突变，订单很快断绝了。拥有 3 家工厂、2600 名员工的赛博耐德工业陷入了绝境。

在这种背景下，他们请求京瓷救助。我同赛博耐德工业的社长见了面，他希望救助员工的殷切的愿望打动了我。同时，我同这家企业的干部们一起喝酒交谈，更是增添了信心，觉得他们可以成为同甘共苦的伙伴。于是我决定同意他们加入京瓷集团。因为我认为，救助赛博耐德工业就是救人于患难之中，是作为人应该做的正确的事情。

不亚于任何人的努力和不间断的钻研创新

当然，单单是出于好心，做作为人应该做的好事，去帮助别人，仅仅依靠这种善心，并不能保证事业因此就能顺利进展。将赛博耐德工业迎入京瓷集团以后，我们陷入了巨大的困难之中。

首先，匆忙上马，生产高保真立体收音机出口美国市场。但当时既没有技术积累又没有品牌能力，临时速成的产品无法顺利打开市场。我曾数次亲赴纽约，与住在商业区的犹太商人反复进行非常困难的交涉。

另外，在摸索的过程中，我们考虑到做打印机，于是向电子写真式打印机的开发制造发起了挑战。

但是，这项工作也不顺畅。当时想要尽量利用赛博耐德工业原本具有的技术，但事实上可用的技术极为有限，开发工作陷入了极度的困境。京瓷投入了必须的资金和人才，花费了相当长的时间，努力开发，结果总算成功开发出了新的产品，但此后也并非一帆风顺。

我记得很清楚，经过千辛万苦做出了使用有机磁鼓的打印机，向欧洲的交易对象出口。

但产品到达欧洲以后，对打印机进行试用时，却打不出字来，机器无法使用。进一步调查才知道，产品用货船运送，从日本出港后经过赤道，横渡印度洋，通过苏伊士运河，当到达欧洲时，因为处于货船船舱高温潮湿的环境之中，有机感光磁鼓丧失了它本来的性能。只好再从日本即刻空运感光磁鼓，以救眼前之急。总之是煞费苦心，惨淡经营。

尽管如此，我们仍然千方百计，努力继承赛博耐德工业生产通信设备这一血统，致力于培育京瓷的信息机器事业，接二连三，创新再创新，执着之念，决不动摇，竭尽全力培育新的事业。

最初接手的步话机买卖已趋于消灭，接着投入的高保真立体收音机事业又遭重创，按理讲，这时京瓷应该考虑从机器事业撤退才对。但是，我们真可谓"Never give up"（绝不放弃），努力培育电子写真技术，果断向打印机事业发起挑战。

前面谈到，在使用有机感光磁鼓开发产品和市场的过程中，我们吃尽了种种苦头。在那同时，我们还在推进非晶硅感光磁鼓的开发研究。因为非晶硅材料寿命长，使用这种材料可以开发出划时代的感光磁鼓。我们完成了使用这种感光磁鼓的打印机的开发和生产，总算让京瓷的打印机事业步入了轨道。这时候正好碰上了三田工业求援的事情。

走过延绵的荆棘之路,前面才有成功

"只要帮人就好""只要做好事善事就好",话虽这么说,但是仅有一颗好心是不够的。当然,必须努力去做好事善事,但是,在做好事善事的时候,为了把结果真正引向好的方向,还必须品尝辛酸,付出艰苦的努力,同时还要不断地钻研创新。

一般来说,思善行善,帮助别人,反而招致不幸,这样的事例也很多。比如常听说有这样的事:出于好心,充当贷款的担保人,结果遭受严重的损害。

我们要尽量避免这种情况。为了让做好事结出好的成果,必须付出成倍于人的努力,必须持续不断地钻研创新。只有这样,才能期待出现让人满意的结果。

至今为止我所做的一切,可以说都是这么个理。后面我还要讲到DDI(第二电电),还有现在正在进行中的日航重建。单单强调"为社会为世人",没有巨大的努力和不断的创新,事业绝不可能成功。

因为要向前所未有的、崭新的事业发起挑战，或者因为要接手至今为止不顺利的事业，所以必然会遭遇各种各样非常困难的问题。在困难面前不屈不挠，拼命努力，问题一个一个解决，困难一个一个克服。只有走过连绵不断、充满荆棘的道路，才能收获成功的果实。

京瓷的打印机事业也是这样，经历惨淡经营之后，才算步入轨道。之后又与京瓷美达的复印机事业合为一体。现在的销售额已经超过2400亿日元。现在除了在中国的东莞有大规模的工厂之外，又在越南建设新的工厂。以这些生产据点为核心，正在推进事业的全球化。

就是说，背负沉重债务的破产企业，变成了高收益的优秀企业；不知道明天将会怎样、心怀不安的员工们，对将来光明的前途充满了希望和信心。

其实，前面介绍的发表感悟的那位京瓷美达的社长，在京瓷救助赛博耐德工业时，担任赛博耐德工业

第 10 章　好心有好报

的董事兼厂长。后来他负责打印机事业，在京瓷美达成立时，派他作为尖兵去重建京瓷美达。他切身经历了京瓷信息机器事业的发展历史，回顾前半生，他感慨万千，甚至谈及了命运的轮回。

"所谓经营，就是如何追求合理性，如何运用战略战术。"一般人都这么认为。但是，重要的是，正如京瓷信息机器事业的历史所证明的那样，即使在经营这个领域内，也要贯彻正道，自始至终要做作为人应该做的正确的事情，要做好事善事。这才是最重要的。而且，为了让好事结出好的成果，必须持续付出不亚于任何人的努力，必须不间断地钻研创新。

只要牢记这一点，就会像老话所说，"好心必有好报"。一心为对方着想，为对方尽力，更大的好运返回到自己身上，这样的好事就会成真。

第三部分

"哲学"的根基之二
稻盛和夫的思想

2012年在盛和塾与塾生们交谈,前排中间的是作者。

第 11 章

动机至善，私心了无

京瓷哲学之根基

我将对一切事物的判断基准都归在"作为人，何谓正确"这一句话里。这个"作为人"非常重要。不是作为京瓷，什么是好的，更不是作为我个人，什么是好的。超越单个企业和单个人的利害得失，把作为人应有的正确的行为贯彻到底，光明正大，无愧于天地。在京瓷，这已经成为以我为首的全体员工最根本的行动规范。

另外，既然是做事业，就必须获取利润。但利润说到底只是结果，开展事业的过程中，必须具备通过事业"为社会为世人"尽大义的姿态。这里的"大义"来自毫无私心的至善动机。

我这么说，可能有人会觉得这么做"在激烈的企业竞争中，自己将无法生存"，"光凭漂亮话无法战胜其他公司，无法提高利润"。然而，即使在商业世界里，这种哲学、这种思维方式也是促使企业成长的最根本的要素。

创立第二电电的动机

上述论断，我将以创立第二电电（DDI），成功参与通信事业的例子加以说明。

由于我很早就在美国开展事业，得知美国的通信成本要远远低于日本。我深刻地感受到，这不仅对美国的产业活动有利，也为其国民生活带来了难以计算的

第11章 动机至善，私心了无

好处和方便。

因此，在1984年，当日本终于决定通信事业民营化，允许新企业加入长途通信业务时，我就非常期待国内的大企业联手参与，让长途电话费用降下来。

然而，可能是因为要与实力强大的NTT对抗，开展这项事业会伴随巨大的风险，所以民间的大型企业丝毫没有要主动参与该事业的迹象。

看到这种状况，我心中萌生了疑问：现有的大企业真的会冒着巨大风险，从正面对NTT发起挑战，彻底提高经营效率，为降低国民的长途电话费而竭尽全力吗？

我甚至担心：即便现有的大企业联合起来参与这项事业，它们的目的也只是想从通信事业中为自己获取利益，不会真心为民众着想。

因此，我有了这样的想法：像京瓷这样靠创办风险企业起家，因而能以果断的挑战精神开展事业，而且又能实践"为社会、为世人"的经营哲学的企业，才更应该挺身而出,为降低民众的长途电话费用而奋斗。

动机至善,私心了无

我虽然这么想,但要向在当时营业额就远远超过 4 万亿日元的 NTT 正面挑战,京瓷未免太弱小了。

这就恰似握住一根长矛,冲向巨大风车的堂吉诃德。这种国家规模的项目恐怕不是京瓷所能胜任的吧。我也曾有过这种忧虑。

尽管如此,但降低长途电话费用,为民众做贡献的事业,对自己这样的人来讲,不是最适合不过吗?我的这种想法没法消除。那时,各种矛盾的想法在我心中错综交织,让我每天都烦恼不堪。

那段时日,每晚临睡之前,我都要重复自问自答,无一日例外。那是对自己的质疑:"我想参与通信事业,真的是出于要为民众降低长途电话费这一纯粹的动机吗?我的动机真的那么纯粹、不带一点儿私心吗?"

第11章 动机至善，私心了无

"有没有让社会看好自己、赞赏自己这样的私心呢？""不是想要出风头吧？""真的是动机至善，私心了无吗？"，每晚，都有来自另一个自我的严厉诘问。

经过将近半年时间，千思万想，竭尽烦恼之余，我终于确信自己"动机善，私心无"，于是内心的烦恼一扫而光。无论事业多么困难也必须干，这种坚强的决心和勇气在我胸中涌现。确定了开展事业的大义名分，也确认了鼓舞自己的纯粹的动机，今后就可以无所畏惧、朝着创立公司的方向大步迈进。

不利状况中起步

就这样，在高度信息化时代，要减轻国民长途电话费负担，从这一纯粹的动机出发，我决心参与通信事业。但是，一旦盖子揭开时，除了京瓷，还有两家公司也报名参与，最终新电电（电信电话）由三家公司一齐开始。

当时的评价认为在三家公司中,与其他两家公司相比,以京瓷为母体的 DDI 处于绝对不利的境地。

理由是,我作为经营者却没有通信方面的经验;京瓷没有通信方面的技术储备;其他两家公司可以利用既存的铁路和高速公路架设光缆,而京瓷只能独自开发微波通信网络,抛物面天线等必要的基础设施建设必须从头做起。

而且,在经营方面,其他两家公司有由许多系列性的关联公司和合作公司组成的大企业集团做后台,而京瓷连代理店网络也必须从零做起。然而,就是在这一无所有的不利状况中起步的 DDI,却在新电电三家公司中取得了最好的业绩,一路领先。

扭转劣势

这种压倒性的不利条件,究竟是怎么克服的?直到现在,还有许多人向我提出这个问题。对此,我总是

第 11 章 动机至善，私心了无

回答："这是心态的差别。我们之所以成功，是因为我们抱着一颗纯粹之心投入这项事业。"

从创立 DDI 时起，我就一直鼓励员工："为了国民，我们要加油，让长途电话费再便宜一些""人生只有一次，让人生变得更有意义吧""今天，我们获得了百年一遇的巨大的机会，有幸遇到求之不得的良机，我们应该心存感激，让我们把握好这次机会"。

为国民做出奉献，做于国民有益的工作。这一纯粹的志向成为 DDI 所有员工共同的心愿。他们从内心渴望事业的成功，全身心地投入到工作中，不断地拼命努力。

看到 DDI 员工们拼命工作的状态，代理店也开始尽全力提供帮助和支持。而且，许多客户也开始声援我们。这样，以我们为中心，胸怀同样志向的人们汇聚到一起，引领事业走向成功。

摒除一切杂念，抱着纯粹之心，将"作为人，何谓正确"彻底贯彻下去，事业就一定会顺利。DDI 的成功就是证明这一道理的实例。

参与移动通信遭遇激烈反对

再举一例。这是我在继 DDI 长途通信事业后，涉足移动通信事业时的事例。

从创立 DDI 时起，我就一直确信"早晚要迎来移动电话的时代"，我预测，在不久的将来"任何时间、任何地点、与任何人"都能通话的时代就会到来。

京瓷生产大规模集成电路用陶瓷封装，我从中了解到了半导体相关技术的进步。因此我推测，总有一天移动电话的尺寸会小到手掌能握住。

而且，与当初创立 DDI 一样，我也确信成立移动通信公司有利于国民大众。有了这样的想法，我满怀信心，在 DDI 的董事会上提议加入移动通信行业。

但与我的期待相反，董事会全体成员仅有一人同意，其他人都对加入移动通信行业表示反对。

理由是,"打头阵的美国汽车电话公司全部赤字,NTT 的汽车电话业务开展已五六年,依然存在庞大的赤字""世界上还没有移动通信事业取得成功的先例""这是失败概率很高的事业,为什么刚创业不久、前途未卜的 DDI 非要参与不可呢?"

可我确信这项事业必将造福于民,我决定与支持我的那名年轻董事一起开展移动通信业务。

但此时,另一家大型汽车制造商的关联公司提出也要参与。

当时在日本,由于频率分配的关系,除 NTT 之外,在同一地区,仅允许一家公司开展移动通信业务。因此,两家公司开始就日本国内业务区域的划分进行交涉。

损而后得

最初我提议将日本列岛简单划分为东西两部分,

然后抽签决定。但对方认为首都圈市场巨大,势在必得。另外中京圈是它们的本地势力范围,更是不能让出。

另一方面,邮政省不允许用抽签来决定地域分配,交涉一时无法取得进展。

我想,论企业的规模、格局,我们都不及对方,我们应该做出让步。把对方想要的首都圈和中京圈主动让出去,我们在这以外的地区开展事业。这样,双方达成了一致。

我刚在 DDI 董事会上汇报这件事,就响起了一片指责声——"哪有就这么让步的?太傻了!""东京这么有潜力的市场都被抢走了,事业还能成功?"……

这些指责都极其合理,从当时的情况来看,首都圈和中京圈这两个最大市场被人拿去,对之后的事业运营来说,或许会招致致命的失败。

但我说:"谁都希望在容易经营的东京和名古屋开展事业,这个想法大家都一样。但是,如果双方都不让步,移动通信事业就无法在日本展开,这对日本国民不利。在此我们退一步,这样双方才能谈拢,才能把移动通信业务扶植起来。不是有话说'损而后得''负而后胜'吗?的确,我最终接受了非常不利的条件,但是,虽然不利,我们也应对能参与移动通信业心存感激,为获取成功而竭尽全力!"。

即便是这样,还是有人挖苦道:"这不是把好吃的包子馅拱手让人,自己嚼包子皮儿吗?还嚼得有滋有味的。"对此,我回答道:"你说得对。但有皮吃就饿不死。我们共同努力,把这皮变成黄金之皮吧!"在多方反对中,我耐心说服了众人,移动通信事业总算是起步了。

旗开得胜

每个员工都知道,移动通信事业是在不利条件中起步的。因此,他们也知道在这种情况下事业要想成功,就必须要付出加倍的努力。最终，全体员工都怀着"无论如何也不能认输，一定要成功"这样一种强烈的危机意识，竭尽心力去推进事业。

赛罗拉在首都圈和中京圈之外的各地区设立了8家赛罗拉移动电话公司，事业实际开展起来，才发现情况完全不像当初担心的那样。业务进展异常顺利，赛罗拉集团8家公司的业绩不断攀升。

加入赛罗拉集团的电话台数1990年年末就达到17.7万台，一下子跃过了10万台的台阶。1991年达到28.6万台，1992年为39.5万台，1993年为47.1万台，业务扎实拓展。集团克服了因地区分割造成的绝对性的不利条件，与在优越的首都圈、中京圈开展业务的IDO渐渐拉大了差距。就连NTT对我们勇猛奋斗的气势也不得不刮目相看。

现在赛罗拉集团转身为AU，正在与NTT DOKOMO展开激烈的竞争。

在开始阶段，赛罗拉集团心甘意愿接受极为不利的

第11章 动机至善，私心了无

条件，却将事业开展得如此成功。究其原因，我想只有一点：我们怀着崇高的理想，以明确的经营哲学去推进事业，对于我们的赤诚之心，神灵赐予了加护。除此之外，没有别的答案。

无论是工作还是事业，只要动机纯粹就一定顺利。舍弃私心，为社会为世人的行为，任谁也不能妨碍，反而会得到上天相助。我想事情就是这样。

> 无论是工作还是事业，只要动机纯粹就一定顺利。

舍弃小异、成就大同

2000年1月1日KDDI诞生了，下面就来回顾事情的来龙去脉。

如前所述，1984年我们创立了DDI。但是，计划中的NTT的分离分割却迟迟不见动静。这样，出于当初的设想，我们不得不同具备市内线路和长途线路的巨大的NTT展开直接竞争。战斗异常艰苦，但是，以更便宜的价格向国民提供更良好的服务，就凭这一善良的心愿，我们百折不挠、努力经营。

到了1999年7月NTT总算分离分割了，但一旦盖子揭开，NTT作为单纯的持股公司依然留存，仅仅是形式上分割为东日本、西日本、长途电话等部门。而且连NTT-DOKOMO也置于集团旗帜之下，还拥有国际通信部门。作为结果而言，NTT集团变得比过去更加庞大，并能够进行全方位的一体经营。

这样下去日本的信息通信产业就不可能健康发展，我对此抱着强烈的危机感。我认为，这时候必须"舍弃小异、成就大同"，就是说，与NTT对抗的各种势力必须超越各自的利害得失，追求大同，实现大团结。否则就没有出路。

具体来说，在手机领域，为了同NTT-DOKOMO对抗，我们经营的赛罗拉集团必须与IDO合并。另外在国际长途电话领域，为了同NTT-COMMUNICATINZI对抗，就必须与KDD合并。我这么考虑之后就开始行动。

首先,我同 KDD 及 IDO 的头号股东丰田汽车的奥田硕会长、张富士社长会谈,接着又与 KDD 的中村泰山会长、西木正社长面谈。我诉说祈愿:为了民众,为了日本信息通信产业的健康发展,必须形成一个足以同 NTT 对抗的势力。为此,除了"舍弃小异、成就大同"之外没有别的办法。只有超越一个企业的得失才能成就大义。

因为上述各位都具备卓越的见识,虽然各自的企业有各自的利害得失,但他们都对诉诸大义的我产生了共鸣,这样,KDDI 就应运而生了。

企业文化各不相同的 3 个企业合而为一,一般情况下,公司内部往往会产生各种各样的对立和摩擦,但是,KDDI 却不同寻常,它很好地发挥了原来 3 家公司各自的特长,成长为承担 21 世纪日本信息通信重任的优秀的企业。我认为,这也是因为将"为了民众"这一纯粹的愿望作为创业的动机,并让全公司上上下下共同拥有这个愿望带来的结果。

善的循环、爱的循环

我想谈一谈有关 KDDI 的另一则逸事。

KDDI 集团里有一家赛罗拉冲绳公司,在冲绳地区从事手机事业,以该地区市场占有率第一而自豪。这家企业为什么能发挥它的长处呢?此事可追溯到它产生的经过。

我首次访问冲绳是在 1975 年,是应邀出席某家宾馆的开业仪式。

冲绳孕育了独特的优秀文化,在冲绳的歌舞中就能发现这一点,这是其他地区看不到的。与冲绳的文化直接接触,我甚至产生一种感叹:"既然能够构筑如此特色鲜明的文化,冲绳或者就是一个优秀的独立国家。"

另一方面,冲绳曾经经历过辛酸痛苦的历史。冲绳在江户时代,曾受到我的出生地的萨摩藩的剥削,

第11章 动机至善，私心了无

还有在第二次世界大战时，作为日本本土防卫的前线，被迫做出了巨大的牺牲。其中，让我特别在意的是，萨摩藩对冲绳的政治压迫和经济剥削这段历史。作为萨摩藩的后人，我抱有一种赎罪的心理，"真的对不起！我想要赔罪"，我想应该想方设法给冲绳以补偿。

抱着这种心境，到了1990年前后，在当时日本兴业银行的特别顾问中山素平先生的斡旋下，聚集一批日本本土以及冲绳地区的经营者，设立了一个促进冲绳经济发展的"冲绳恳谈会"，我也有幸被推荐为会员。从那以来我就开始思考："该为冲绳的发展做些什么贡献呢？"

冲绳归还日本以后，日本本土的经济界展开了对冲绳的各种各样的援助活动，但是，基本上都是本土的资本为了自己的利益展开的活动，并没有真正意义上的对冲绳的经济援助，真正让冲绳民众得益的项目很少。

为了开展对冲绳真正的经济援助，我考虑成立经营手机事业的赛罗拉电话公司，而且我提出的方案是设立冲绳独立的电话公司。

本来，冲绳并不是一个单独的经济圈，它不过是九州经济圈的一个部分，行政上也都属九州管辖，所以原本预定冲绳的分公司归属于掌控九州地区的九州赛罗拉公司的管辖之下。

但是，因为我一直有"该为冲绳的民众做些什么"的念头，所以我想到"应该设立冲绳单独的公司"。

因此，在冲绳恳谈会上我提出建议："因为冲绳仿佛是一个独立的国家，所以不是把冲绳当作九州公司的一个销售区域，而是成立独立的冲绳赛罗拉公司，请冲绳经济界各位一起出资好不好。"

对此，冲绳经济界人士非常兴奋，他们称赞说："从本土来的企业家，真正为了冲绳本地利益提出方案的，您是第一位。"

在成立公司时，作为股东，当时的DDI虽然持股

第11章 动机至善，私心了无

超半，但40%的股份由冲绳本地持有。同时，公司的管理层，除董事长和一名董事之外，社长和其他董事都由冲绳人担任。

因为公司成立有这样一个原委，所以冲绳赛罗拉的出资人、董事、员工都意气风发，都把冲绳赛罗拉真正当作"自己的公司"，拼命投入工作。

结果，冲绳赛罗拉公司创业以来，不断快速进击，成为全国唯一一家超越NTT-DOKOMO的地区通信公司，1997年上市，一直到今天业绩都顺利提升。

我现在已经辞去KDDI的董事职位，只保留最高顾问的头衔。但在这个冲绳赛罗拉公司，我依然保留董事兼顾问的职位。我想，"只要我还健在，我还会为该公司出力"。工资报酬等分文不取。

从美好、善良的愿望出发，"要把公司做得更大""要把事业拓展得更广"，为此拼命努力，事业

> 从美好、善良的愿望出发，"要把公司做得更大""要把事业拓展得更广"，为此拼命努力，事业就一定能成长发展。

就一定能成长发展。不仅如此,员工、客户、交易对象、股东以及地区社会等,与企业周围所有人协调一致,事业的繁荣一定能够长期持续。

可以说这是"善的循环、爱的循环",在冲绳赛罗拉,正在结出美好而丰裕的果实。

第 12 章

为社会、为世人尽力

设立"稻盛财团"的动机和决断

作为一名经营者,我究竟为什么要设立"稻盛财团",为什么要表彰学术贡献人士,我解释一下其中的动机和成立的经过。

我从 27 岁创建京瓷以来,在精密陶瓷的开发和企业经营上倾注了心血,结果非常幸运,公司顺利成长发展,因此我有机会获得了技术开发和企业经营方面的各种奖项。

其中之一，就是1981年得到的"伴纪念奖"（当时有这个奖项）。这是东京理科大学的伴五纪先生设立的奖项，是为了表彰在技术开发方面有杰出贡献的人士。当时，我只是感到很光荣，赶去出席授奖仪式，但是，一见到伴先生，我就感觉羞愧难当。

伴先生通过自己的研究成就，获得了专利收入。他是用这笔辛苦钱去从事表彰事业的。而我创建了上市企业，积累了相当的个人资产。我这样的角色居然兴冲冲前来领取奖赏，"这么做妥当吗？按理讲，我应该成为授予方才对啊！"我受到了强烈的触动。

从那个时候起我开始思考，我在自己的人生过程中获得的资产，应该以某种方式返回给社会。

当时，受日本IBM社长椎名武雄先生主办的"天城会议"的邀请，我有幸与京都大学的矢野畅先生相识，后来又有机会多次见面交谈。

1982年前后，矢野先生提出，"在京都如果有一个场所可供京都学派的人展开讨论就好了。稻盛先生，

第12章 为社会、为世人尽力

你作为经济界人士能不能提供帮助"。这样,在学界和经济界之间进行知识交流的"京都会议"就开始了。

当时推选哲学家田中美知太郎先生为召集人,参加者包括京都大学原校长冈本道雄先生、数学家广中平祐先生、希腊哲学大家藤泽令夫先生、诺贝尔化学奖得主福井谦一先生、灵长类学科权威伊谷纯一郎先生等,都是鼎鼎大名的人物。

到了1983年前后,我与矢野先生谈起了在伴纪念奖上的想法,矢野先生说:"这是一个好主意啊。务必要付诸实施。但是,如果要做的话,就要做成像诺贝尔奖那样的优秀的奖项。我同诺贝尔财团很熟悉,如果需要的话,我可以帮忙。"当时,我对于他所说的一笑带过,并没有往更深层去想。此后,我又与资源能源厅原厅长森山信吾先生谈起了这件事。

森山先生和我一样出生于鹿儿岛,"辞去官职以后,不要通产省(现在的经济产业省)的任何照顾"。森山先生自己决定来京瓷帮忙。我对他说:"有的人赚了钱,嘴上说要趁着年轻，将钱回馈给社会，但随着年龄增长，慢慢变得吝啬起来，最后放弃了初衷，这样的人不少。我拥有部分京瓷的股份，也想回赠社会，但周围的人认为从年龄上讲，还为时过早，我正感到困惑。"森山马上说"不，一点不早。应该说干就干。我在通产省时，曾成立过好几家财团，我可以帮这个忙"。

这样，到1984年4月，我将自己保有的京瓷股份及现金共200亿日元作为基金，设立了稻盛财团。

正好那时，经人介绍，我同当时伊藤忠商社的顾问濑岛龙山先生谈起设立财团一事，他很热情，表示"这可是好事啊。如果有我可帮忙的事情，尽管讲，不要客气"。因为这个缘分，当我请他出任稻盛财团的会长时，他爽快地答应了。此后，他从大处高处给予了许多指导。

与诺贝尔财团的交流

在公布了表彰事业的宗旨后不久，由矢野先生介

第12章 为社会、为世人尽力

绍，我们去拜访诺贝尔财团，并表达敬意。

当我们将表彰事业的有关计划向诺贝尔财团的专务理事（当时的）拉米尔男爵报告以后，男爵说道："这太好了！诺贝尔财团由衷支持。"

当时，我问："像诺贝尔奖这种国际大奖，在表彰工作过程中最重要的是什么？"他说："最重要的是国际视角的评审的公平性和严肃性。另外，要有可持续性，从而树立奖项的权威性。"为了对诺贝尔财团表达敬意，我们决定在第一届京都奖上，赠予诺贝尔财团特别奖。

另外，作为诺贝尔奖的理念，有"诺贝尔遗言"。在创立稻盛财团，运行京都奖这一表彰事业的时候，我制定了"京都奖的理念"。尔后京都奖的审查、运作都要依照"京都奖的理念"进行操作。

在京都奖的理念中，首先揭示的是表达我自己人生观的一句话："为世人、为社会做贡献是人最高贵的行为。"从很久前开始，我就考虑要向培育了我的人、向人类社会、向世界报恩。这个报恩的愿望应该用什么形式付诸实践，我思考过许多方案。

另外，这个世界上有许多不为人知的、默默努力的研究者，却没有多少奖项来鼓励他们，让他们因获奖而感到由衷的高兴。向这样的人提供奖赏，也作为创立京都奖的理由，写进了"京都奖的理念"。

还有，现在，与科学文明的发展相比，在人类精神方面的探究大大落后了。但是，科学技术和人的精神道德决不应该互相对立。我认为，这两者如果不能平衡发展，将来就很可能招致人类的不幸。

从这点出发，京都奖必须有助于科学文明和精神文化的平衡发展，以致对人类的幸福做出贡献。对此表达的强烈祈愿，也写进了"京都奖的理念"。

现在，京都奖在评审阶段，当评审遭遇困惑的时候，评审委员们就会说："那么就再一次回到'京都奖的理念'这一原点，重新审议吧。"他们把这个理念常挂心中。可见这是一个"活着的"理念。

第12章 为社会、为世人尽力

京都奖的三个部门

在创立财团、运行表彰事业的时候，设立什么奖项成了一个问题。在基础科学的领域中，诺贝尔奖已设置了生理学·医学奖、物理学奖和化学奖3个部门的奖项，但是，在这些方面，以应用技术为焦点的奖项还没有。为此，京都奖专门设置以工程学出身的人为对象的尖端技术部门，以及基础科学部门这两个奖项。

另外，又设置了表彰"精神科学·表现艺术"的部门。后来经常有人提出问题，"为什么京都奖要设置精神科学·表现艺术这一部门？"这一点在"京都奖的理念"已经谈及，其理由详细解释如下。

20世纪是一个在科学技术方面取得了巨大发展的世纪，观察诺贝尔奖100周年的历史，科学技术的贡献之大一清二楚。

但是另一方面，看看现代社会吧，与科学技术带来的、我们享受到的物质文明相比，包括伦理道德在内的精神方面的探究，很难感觉到有多大的进展。为此，正如电视和报纸每天报道的那样，有关战争、抗争和暴力的新闻不绝于耳。本应成为民众模范的政治家和官员，乃至企业领导人，有关他们的舞弊丑闻层出不穷。

在这种道德沦丧的社会里，近似"神业"的高度的科学技术果真能被正确地运用吗？让科学技术一味先行，而使用科学技术的人类的精神不能随之成长，人类的前途不是很危险吗？

从向现代社会敲响警钟这个意义上讲，我考虑一定要在京都奖中设置表彰有关人的精神活动的部门。这也是很多人都想到的。现在把这个部门的名称改为"思想·艺术部门"。这个部门的存在可以说是京都奖的一大特色。

各部门的授奖对象领域

就这样，京都奖开始以尖端技术部门、基础科学部

第12章 为社会、为世人尽力

门、精神科学·表现艺术这3个部门为表彰对象,向获奖者颁发4500万日元的奖金和京都奖纪念奖章以及奖状。

说起来虽然只有3个部门,但其对象领域涉及许多方面,因此每个部门再分为4个领域颁奖。

比如尖端技术部门的4个领域是:电子技术、生物技术及医学技术、材料科学、信息科学,都是在20世纪崭露头角、在21世纪发展前景看好的领域。这就是刚才讲到的尖端技术部门。

诺贝尔奖十分重视基础科学,把它定为授奖对象。但是不管多么伟大的发明和发现,将之实用化需要付出的努力,比较发明发现本身,可以说有过之无不及。经过艰苦卓绝的努力所创造出来的技术和产品,对现在乃至未来人类社会的幸福所做的巨大贡献是不言而喻的。

依据同样的理由,基础科学的4个领域是生物科学、数理科学、地球科学及宇宙科学、生命科学。

然后，前面讲到，京都奖3个部门中最有特色的部门为精神科学·表现艺术部门，分为音乐、美术、电影·戏剧、哲学·思想4个领域。

京都奖的评审

诺贝尔财团专务理事拉米尔建议中提到了评审的公平公正的问题，确实，在表彰事业中，这是第一重要的问题。为此，京都奖的评审机构做了如下安排。

京都奖的评审，每个部门各自设立专业委员会和评审委员会，然后再设立审查所有部门的京都奖委员会，这是一个三审制。评审过程按顺序做如下说明。

稻盛财团首先对相关领域的全世界的研究专家发出通知，委托他们推荐京都奖的候选人。从全世界推荐来的候选人，首先由专业委员会评审。

专业委员会从专业角度对各位候选人进行评审，各个部门各挑选出3名候选人，将结果上报给评审委员会。

第12章 为社会、为世人尽力

评审委员会在尊重专业委员会意见的同时,再次进行评审,挑选出3名候选人上报京都奖委员会。

京都奖委员会在确认专业委员会和评审委员会评审过程的基础上,以评审委员会提出的前3名候选人为中心,对照京都奖的理念,从综合角度内定最终候选人上报财团理事会。

最后由理事会认可,决定该年度各部门的京都奖获奖者。

评审过程如上所述,但因为京都奖的各个奖项都分为4个领域,获奖领域每年都不同,所以每年必须重新选出进行该年评审的评审委员。

一项评审要花费3年时间,第1年是选拔评审委员的年度。第2年要在理事会上认可评审委员,委任他们,委托他们推荐候选人。第3年大约花费半年时间进行审查评审,决定获奖人并举行授奖仪式。

当初有一种意见认为,这个评审委员会中应该有外国人参与评审。但是,我把这个评审过程看作对日本有识之士见识高低的一种考验，因而决定全由日本人进行评审。

从结果来看，在过去京都奖的获奖者中已有5名后来又获得了诺贝尔奖。虽然京都奖的评审只是由日本专家进行但是这个评审的公平性已获得了全世界的公认，并且我也为京都奖评审者们的见识之高感到自豪。

京都奖的授奖仪式和有关活动

经历这个过程选出的获奖者来到京都，在每年红叶最美的时刻，为参加京都奖举办的一系列活动。每年11月10日的授奖仪式，第2天即11日的纪念讲演会，12日的专家研讨会，都按日程实施。

首先是京都奖的授奖仪式。在红叶缤纷的盛秋的京都，稻盛财团名誉总裁高圆宫妃久子殿下光临大会，仪式隆重而华美。同时还有有关各国的大使、总领事，日本的政界官界、经济界、学界一千多人参加授奖仪式。

第 12 章 为社会、为世人尽力

庆典仪式在庄严的音乐声中开幕,这是京都市交响乐团演奏由其原创的京都奖序曲。接着,每年轮流,由观世流派和金刚流派表演庄重的舞蹈"奉祝能"。

再下来,由各部门的评审委员长说明颁奖理由,并由稻盛财团会长向各位获奖者颁发京都奖纪念奖章和纪念证书。

赠予获奖者的京都奖奖章是在由日本雕金界第一人、文化勋章获奖者、已故帖佐美行先生制作的20K金章之上,镶嵌8颗红宝石和绿宝石,这是由京瓷制作的再结晶宝石"INAMORI STONE"。另外,在纪念证书上还有临济宗妙心寺派管长所写的墨宝。

之后是对各位获奖者进行介绍。他们的成长经历、家族的回忆、研究的内容等,同时辅以能够表达他们人品特征的照片和解说词进行介绍。

授奖式的最后一幕是儿童合唱。由京都的儿童们歌唱,令人感怀的童谣响彻整个会议。

其中,在每年必唱的"蓝色地球属于谁"这首合唱曲中，京都奖仪式落下帷幕。优美的旋律激荡了感慨万千的获奖者的心，也感动了所有的参会者。我虽然听过多次，但每次都忍不住激情澎湃。

当天晚上，举办获奖者庆祝晚宴，每年有800人参加。这是一个愉快祥和的宴会，由祇园的"艺妓众"表演传统戏"手打仪"，有美丽优雅的舞蹈等，别出心裁，尽量让来宾们享受到京都特有的华丽氛围。

这个晚餐会由各国驻日大使、总领事以及众多的外国客人参加。其中有人表示："这样的活动，本来应该由国家主办。在京都这个文化历史荟萃之地，由民间财团来汇集文化之精粹，对此我们深表敬意。"听到此话，我感到非常欣慰。

授奖仪式结束后第2天，是面对一般市民的纪念讲演会。京都奖在授奖的时候，获奖者本人要来到京都，除去参加授奖仪式和晚宴，还要出席以市民为对象的纪念讲演会以及由研究者们参与的专业研讨会，这是我们规定的一个条件。

第12章　为社会、为世人尽力

这是因为考虑到通过亲眼目睹伟大人物的言行举止，直接接触他们的思维方式，可以唤起人们对于知识智慧的好奇心。

讲演会后的第2天，是专家们的专业研讨会，与专业领域相同的日本专家交流，对于获奖者而言是非常重要的环节。授奖仪式一结束，为了准备这个专家研讨会，很多获奖者甚至放弃了京都的观光机会，把自己关在宾馆房间内，认真做准备工作。

另外，京都奖还尽可能创造机会，让获奖者给日本的小学、初中、高中生授课，或与大学生对话。有人认为，对年轻人谈论这样的话题是否太难了。但是，年轻时就能接触到全世界最有智慧的人物，对于年轻人的人生来说一定有所裨益吧。

获奖者全都是花费毕生精力投入工作的人，正因为如此，他们说出的每一句话都意味深长，都能强烈地触及年轻人的心弦。听说，其中还有学生提出过让获奖者惊讶的、大胆而新鲜的问题。

善意的连锁反应

京都奖的奖金数额,因为当时诺贝尔奖的奖金是5000万日元,为了表达尊重,所以开始时设定为4500万日元。后来,诺贝尔奖的奖金增加了,因此京都奖从第10届开始,奖金就增加到5000万日元。

在京都奖颁奖仪式结束后举行的记者招待会上,获奖者常常会被问到关于这笔奖金的用途。一般认为,他们会把这笔资金用于自身的研究课题。但是,当问及奖金的实际用途时,很多人表示要把奖金回归社会,这让我很吃惊。

例如,第3届精神科学·表现艺术部门的获奖者波兰电影导演安吉·怀特先生,就用这笔奖金设立了"京都-克拉克夫基金",建立了向波兰介绍日本美术的一个中心。

还有,第15届基础科学部门的获奖者沃尔达·门克博士,他将奖金全额捐赠,设立了"京都门克基金"。

第12章 为社会、为世人尽力

因为自己年轻时曾有过苦于研究费不足的经历,所以他设立基金的目的是为了帮助年轻的科学家和学生。

另外,第11届基础科学部门获奖者、对现代宇宙物理学的发展做出过很大贡献的林忠四郎博士,他用这笔奖金设立了天文学会的"林基金"等。许多获奖者都把奖金用于公益目的。

我的本意是用京都奖来表彰那些全身心投入研究工作的人,就是说,对他们一门心思的研究人生予以慰劳,我希望他们把这笔奖金用在自己身上。

但是从结果来说,许多获奖者把奖金用在了为社会为世人做贡献上了。我在感到吃惊的同时,又感到由衷的喜悦。就是说,我的一个小小的愿望居然通过这样的形式获得响应,产生了所谓"善的连锁反应"。

第13章

提高心性、拓展经营

盛和塾是什么

我想从开办"盛和塾"的缘由谈起。盛和塾是我向中小、中型企业的年轻经营者传授经营之道的经营塾。

大概在30年前,我有时候晚上会去街上的酒店喝酒,经常会遇到京都青年会议所的年轻的经营者。每次见面,他们几乎都会问:"能不能教教我们企业成长发展的秘诀呢?"因为是在酒席间,我总是说:"等有机会再说吧。"回答得很含糊。

但是过了一段时间后,他们提出了强烈的要求:"你答应我们后,已经过去好几年了,请尽早指导我们吧。"这样我就无法推辞了。我说:"夜里有时间可以讲一讲,如果你们觉得可以的话,我就这么做了。"这样,盛和塾的前身"盛友塾"就开张了。

开始后不久,就有听到风声的大阪的年轻经营者加入进来,"请务必来大阪讲课",这样大阪就有了同样的塾,名称改为"盛和塾"。接着神户的经营者也发来邀请,神户又开了新塾。不久这波旋涡又扩展到滋贺、鹿儿岛、富山、东京各地。

到了1991年,在各塾负责人会议上,"应该有组织地向全国拓展"的呼声高涨起来。由于他们的努力,各地盛和塾如燎原之火迅速建立起来。现在几乎遍及日本全部的都道府县,共计有54个分塾在积极开展活动。另外,现在这个旋涡已扩展到海外,巴西、美国、中国的大陆和台湾相继开塾,仅是海外塾已经有16个。塾生总人数已超过8000名。

第13章 提高心性、拓展经营

在盛和塾学什么

盛和塾的发端在于年轻经营者们"要学习经营之道"的真挚的愿望。因此，新塾生入塾时，必须接受现有塾生的评审，就是要询问入塾的动机。因为是通过筛选才入塾的，所以盛和塾的塾生们虽然行业和规模千差万别，但都是带着明确的目的来学习的。

但是，在盛和塾里，"只要这么做，经营就能顺畅"之类简单易行的所谓经营技巧，我不会传授。另外，在企业经营中所需要的会计学或管理会计，其要点，有机会我也会解释。但是，我首先传授给他们的，而且反反复复强调的，是经营者应有的姿态，换言之，就是作为一个人"究竟应该怎么活？"

不管是一个多么微小的事业，哪怕是雇用一名员工，也必须保障其生活。所以企业经营者承担的责任很重。正因为是肩负重任、又想认真经营企业的经营者，所以我认为最重要的就是要教给他们"应该如何度过人生"。

这是因为正确的人生观与企业经营直接相关。我认为："所谓经营，只能由经营者的器量来决定。"要让企业发展，经营者的人格必须成长。特别在中小企业里，经营者发挥的影响比想象的大。经营者的判断直接左右着企业的经营、决定着员工的命运。而引导经营者做出判断的，就是经营者的人格。

> 正确的人生观与企业经营直接相关。

经营者首先要努力拓展自己的器量，就是通过学习并实践"正确的为人之道"，提高自己的心性，提升自己的人格。经营者的这种人格的成长，就能引导其做出正确的判断，从而让企业不断发展壮大。

这就是"提高心性，拓展经营"。这句话是我一直以来经营企业的"信念"，也成了盛和塾的"宗旨"。

在盛和塾怎么学习

那么，为了"提高心性"，在盛和塾里会举办哪些

第13章 提高心性、拓展经营

活动呢？

有塾生们自主举办的、互相学习的"自主例会"；有我参加并做一个小时讲话的"塾长例会"；还有"经营问答"，就是塾生针对自己面对的经营课题，直截了当、毫无遮掩地提出问题，而我思考斟酌，提出解决方案；另外还有"经营体验发表"，就是塾生发表学习我的哲学、拓展经营的实际体验，再由我进行点评。

同时，在上述各种形式的学习会结束后，一定会准备恳亲会。这时有塾生来到我桌旁认真提问，我认真回答，不知不觉中彼此促膝而坐。在经营指导时，有时我会严厉批评。听到我与某塾生交谈，认为这也是学习机会，其他塾生们就会围拢过来，不经意间，在我周围就会筑起10层、20层的人墙，这种自然形成的团团围坐的光景，就象征着我们的盛和塾。

再有，上述"塾长讲话""经营问答""经营体验发表"等在盛和塾学习的材料会记录下来，作为活生生的经营的教材刊登在《盛和塾》杂志上，或制作"盛和塾

CD"发行。

在各种盛和塾的学习活动中,我都会向塾生们强调说:

我在盛和塾里讲的话,你们不能当耳边风听过就算,而是要反复学习,并在自己的人生中努力实践。换句话说,在每天的经营和生活中,要时时反省,要在实践中认真应用。

我的所谓经营哲学,绝不是什么复杂难懂的东西。它只是要求自问"作为人,正确的思想行为究竟是什么?"只是强调"正确的事情要用正确的方式追求下去"。举例的话,就是孩童时代父母和老师教导的"不要骗人""为人正直"等,把这类朴实的教诲作为判断的基准,忠实地守护、认真地实践,这是最为重要的。

许多经营者虽然也学过这类教诲,但随着年龄增长慢慢淡忘了,不再实践了。在积累各种各样的经验,知识丰富或者取得成功之后,人就会逐渐变得怠惰懒散,并且忘却在幼年时期学到的朴实的道理,在经营中自以为是,独断专行,结果误入歧途。

在成功的经营者身上,肯定有他能成功的原因。比如具备纯粹的创业动机,比如不断付出不亚于任何人的努力,比如有不同凡响的奇思妙想,所以才能够获得成功。然而一旦取得成功,上述优秀的资质就会变质,变得傲慢不逊。而随着经营者的变质,业绩就会下滑,企业就会走向衰退。

好不容易靠一代就建立起来的企业就这样走向破败。大起大落、波澜万丈的经营者世间真的太多太多。特别是中小企业,经营者沉醉于一时的成功,耽迷于吃喝玩乐,让好端端的企业陷入衰落,让员工流落街头。这种事例不胜枚举。

"人应该怎么活?""作为人,何谓正确?"必须反复自问自答。必须经常学习,必须反复实践,必须天天反省,否则,人这个东西就会堕落,这是规律。正因为如此,我会反复对塾生们强调,在盛和塾学习的东西,在天天反省的同时,必须天天实践,持之以恒,这才是最重要的。

就这样，虽然是经营塾，但是我却一味强调经营者应有的心态。那么，同我的想法不一致的人，或者只想来学习经营技巧的人，不久就退出了。盛和塾剩下的就是同我倡导的人生观产生共鸣的人，就是追求正确的人生道路的人。

这样的话，就是所谓"近朱者赤"。相同志向的人聚集一堂，不知不觉中就会切磋琢磨起来。哪怕只是一次对酌，不说不问，交杯换盏之间，就会心心相印，互相刺激，互相影响。在这旋涡之中，优秀的经营者不断涌现，人才辈出。

人才本来就是群生的。例如明治维新时期活跃在舞台上的长州藩士们，一大半都是松下村塾的塾生。还有，同是幕府末年至明治时期，那些大显身手的萨摩藩的人才，大多出生于鹿儿岛加治屋町这个小镇。西乡隆盛、大久保利通、日俄战争中击败俄国波罗的海舰队的东乡平八郎，这些响当当的明治的元勋，就在那块狭隘的土地上群生出来，在一小块地方人才辈出。

人单靠自己个人很难成长。志向相同的人相聚一起，切磋交流，就能培育更优秀的人才，这样的组织就能成长发展，我衷心希望盛和塾就是这样的组织。

或许这个希望已经得到了响应，可喜的是，塾生中上市企业不断涌现，现在正在准备上市的上市预备队企业更有许多。这样，有更多的塾生通过在盛和塾的学习，促使自己的企业成长发展，实现员工物质和精神两方面的幸福。这对于百忙之中，自己掏钱买盒饭、义务推进盛和塾活动的我来说，是最高兴、最快乐的事情。

具备燃烧的斗魂和强烈的愿望

置身"盛和塾"，就经常会接触到"利他"这个词。社会上一般很少听到这个词汇。但在盛和塾，"利他"像日常打招呼一样频繁地脱口而出，而且认真实践,这样的企业家云集的团队,整个世界上极为罕见,值得自豪。

这是因为,我总是利用各种场合向塾生们诉说:为社会为世人尽力是做人最高贵的行为,即使在企业经营中,"利他"之心也极为重要。许多塾生真挚地接受我的思想,在经营和人生中努力实践,这是非常了不起的。

但是,不要误解。不管强调"利他"多么重要,我绝不是鼓励大家向竞争对手让利而使自己蒙受损失。企业经营是一个严酷的世界,如果不能在激烈的市场竞争中获胜,任何企业都可能被淘汰出局。

作为经营者,首先不能让员工流落街头,另外,为了顾客,为了股东,为了社会,必须千方百计确保销售额,保证企业的利润。为此,在企业经营中经营者必须具备勇往直前的大无畏的气概。

所谓气概,也可换称为"斗魂"。这类似于"绝不认输"的格斗士的那种斗争心。激烈的斗志在经营中不可或缺。

缺乏这种斗魂的人当上经营者,对当事人来讲是一种负担,也是难为他了。而对员工以及企业周围的利害关系者而言,则是不幸。"娱乐人生,想过轻松愉快的生活",有这样想法的人不适合当经营者。

由于命运的捉弄而当上了经营者的人,一旦当上了经营者,就必须从根本上改变自己原有的意识。

在盛和塾的塾生中,也有因偶然作为第二代出生而被推上经营者位置的人。这样的第二代必须更加发奋努力,在别人还在睡觉的时候,仍然思考工作问题。如果缺乏这种姿态,公司迟早会倒闭。

在第二代经营者中,有的人一味贪图享乐,有的人热衷于在经营者社团里抛头露面。前辈们花费九牛二虎之力做大的企业,在他们手里败落。这样的事例不在少数。既然把公司继承下来,那就必须持续付出不亚于任何人的努力。

经营者不知穷尽的努力,其源泉,如前面所述,就是经营者"一定要把企业做好"的强烈愿望,目的是不让员工流落街头,要让他们获得幸福。只要这种愿望足够强烈,经营者就能昼夜不分,全力投入经营。

从早到晚,不断考虑工作上的问题,对于经营者是繁重的劳动。但是,既然当了经营者,这种程度的努力是理所当然的。如果不绞尽脑汁思考工作,那么在一年比一年严酷的经营环境中,让企业持续成长发展是不可能的。

但是,反过来说,不管企业经营的环境如何变化,只要抱有如此强烈的愿望,只要持续付出不亚于任何人的努力,就一定能够成功。不过,需要注意的是,前面已经谈到,这种成功的原因,同时也可能成为没落的原因。

具有惊人的斗志,抱着强烈的愿望,持续付出不亚于任何人的努力,越是这样的人,一旦失去对自己心灵的控制,就会走向破灭。成功的原因转而成为没落的原因。

第13章 提高心性、拓展经营

能把事业引向成功的人，都是有手腕、有斗魂的人，他们有力量把竞争对手搞垮。但是，正是这种气性激烈、手段厉害的人，一不小心，就会变得傲慢不逊、目中无人，这就为失败种下了原因。

对于盛和塾的塾生，首先，我希望他们燃起激烈的斗志，拼命工作，获取成功，他们必须成为这样的经营者。但是，越是这么厉害的经营者，就越应该频繁地对照"作为人，何谓正确"这条原则，不断地自问自答，把正确的事情以正确的方式贯彻下去，从而获取长期持续的成功。

具备燃烧般的斗魂，"无论如何也必须把企业做好做强"这种愿望强烈的经营者，正是这样的经营者，学习"作为人，何谓正确"这一哲学更是特别重要。这样，就能避免在无意中容易逸出轨道的自己，就能持续抱有强烈的愿望和意志投入工作。只要这样，就一定能够获得成功，而且一定能够让成功长期持续。

坚定志向、提升自己

这样说来,盛和塾归根到底是一个学习原理原则的场所,这种原理原则引导企业经营走向成功,而且让成功长期持续。不过,这种原理原则与世间一般的经营常识不同,它指的是做人应有的心灵的状态。

经营者必须经常逼问自己"人生是什么?""应该怎样度过人生?"通过这样的自问自答,来提高自己的心性,同时拓展经营。经营者应致力于人生和经营,让仅有一次的人生变得更精彩,不但为员工及其家族,而且为社会、为世界、为地球做出贡献。

这就是所谓"一灯照隅"。我认为,不管企业多么微小,我们应该通过经营企业为社会为世人尽力,让自己人生的价值在这个地球上留下足迹。在盛和塾学习的8000名中小中坚企业的经营者们,今天依然志向坚定,通过反复钻研、提升心性,不仅让自己的事业和人生更加丰富多彩,并且为了实现员工幸福,每日都在不懈努力、勤奋工作。

设立盛和塾时,我不仅当着京瓷的社长,而且正在创立现 KDDI 的前身第二电电,同时又在设立稻盛财团、开始京都奖的活动,正是繁忙之极,年龄也已超过 50。将近 30 年来,对于盛和塾的活动,我真可说是粉身碎骨在所不辞。

这完全是出于我的信念。因为我相信,占日本企业一大半的中小企业的发展是日本经济发展的原动力。中小企业占日本企业的 99% 以上,中小企业焕发活力就能促进日本经济的发展。我一心希望中小企业健康成长发展,所以在超过 80 岁高龄的今天,我依然在安排紧凑的日程中抽出时间,奔赴世界各地的盛和塾,给年轻的经营者们讲解经营之道。

第 14 章

运用哲学帮助企业起死回生
——日本航空的重建

三项大义

2010年2月,我在将近80岁时接受日本政府的邀请,出任破产重建的日本航空(JAL)的董事长。

这之前,我创建了京瓷和KDDI这两家不同行业的公司,这两家公司的销售额达到了5万亿日元。虽然我具备了让这两家公司成长发展的经验,但是,对于航空运输事业我完全是门外汉。因此,对于出任日航董事长一事，没有一个人表示赞成。"您年事已高，不要再干了。"大家都异口同声劝告我。

但是，我考虑对于日航重建有三大意义，就是三项大义。

第1项，对日本经济的影响。

日航是日本有代表性的企业之一，如果日航重建失败、二次破产的话，将给日本经济带来巨大的冲击。但是如果重建成功，人们就会说："那么困难的日航尚且能够重建成功，日本经济就没有理由不能重生。"所以我认为，这是一个让日本国民恢复自信的机会。

第2项，保住日航留任员工的工作岗位。

为了重建成功，非常遗憾，不得不让一定数量的员工辞职，但是如果二次破产的话，全体员工都会失去工作。我考虑，无论如何必须确保留任员工不再失业。

第3项，履行对国民也就是对乘客的责任。

如果JAL破产消失，日本国内的大型航空公司就会只剩一家，竞争原理就无法发挥作用，机票运费就

第14章 运用哲学帮助企业起死回生——日本航空的重建

会上升,服务水平就会下降,这肯定对国民不利。只有在公平竞争的条件下,有两家以上的航空企业切磋琢磨,才能为乘客提供低价优质的服务。

考虑到这三项大义,有一种类似侠义心那样的念头在我心中升起,促使我不自量力,决定出任董事长,为重建日航竭尽全力。

干部们的眼神变了

然而,我完全不具备有关航空运输事业的知识和经验。为了重建日航,我能带去的只有两个武器:一个是我的经营哲学,可以说这是我创立和培育京瓷的"原点";另一个就是"阿米巴经营"这一经营管理的体制。

我觉得首先要给日航的干部和员工们讲哲学,以求改变他们的思想意识。为什么呢?因为当我来到位于东京品川日航总部工作的时

> 我觉得首先要给日航的干部和员工们讲哲学,以求改变他们的思想意识。

候,多次遭遇了意外的、令人吃惊的事态。

例如,当我问干部"现在的经营业绩怎么样"时,他们迟迟拿不出数字,好不容易拿来了,却是几个月之前的数据,而且都是非常粗糙的宏观数字。当问到谁对哪项收支负责时,他们回答不了,责任体制很不明确。

同时,总部与现场,计划部门和执行部门,经营干部和一般员工,日航本体与子公司都各自为战,缺乏一体感。大家都随自己的方便判断行事,企业领导人甚至回避应负的责任。我当时根本感觉不到JAL干部员工面向重建、团结一致、拼死努力的那种热情。

在这种情况下,为了对干部进行"意识改革",我要求大家"首先必须如实接受日航已经破产这一事实"。我从说明白这一点开始。

因为根据有关法律,在申请公司破产重建以后,日航仍然像过去一样继续航行,所以干部们对于企业已经破产这一事实没有切身的感受。为此,我反复强调:

第 14 章 运用哲学帮助企业起死回生——日本航空的重建

"要承认破产这个事实,然后,为什么破产?走到今天这一步,问题在哪里?希望大家真挚地反省,拿出勇气,投入到改革中去!"同时,我还写了一封信发给日航集团全体干部员工,信的内容包含了上述的宗旨。

再进一步,从 2010 年 6 月开始,我召集 50 名经营干部,花费 1 个月的时间,进行了彻底的企业领导人教育。要求大家理解企业领导人应该有的姿态,理解经营企业所需要的思维方式。

具体来说,"销售最大化、经费最小化"是经营的要诀;领导人必须具备值得部下尊敬的优秀的品格,同时,领导人必须具备不管环境如何变化,都必须达成既定目标的、坚强的意志,等等。这些就是我在经营京瓷和 KDDI 时,在各种场合下,一贯强调的"哲学",也就是经营企业的原理原则。

> 领导人必须具备值得部下尊敬的优秀的品格。

这种学习哲学的领导人教育,采取集中进行的方式,我尽量亲自出席、亲自讲解。而且在讲课结束之后，要跟他们一边喝酒，一边展开讨论。

这么一来，当初对我的经营哲学抱有抵触情绪、不感兴趣的干部，他们的眼神发生了变化，他们加深了对哲学的理解，提升了作为领导人的意识水平。同时，作为接受相同教育的伙伴，干部彼此之间萌生了强烈的一体感。还有，很多干部觉得"这么好、这么实用的教诲，不仅要成为自己的东西，而且要向部下传递"。

其结果是听到干部们学习感想的各个现场的课长班长们也提出要求："希望接受同样的研修培训。"为了满足他们这个要求，我用经营干部研修时拍摄的录像，实施了面向课长班长的研修。接受培训的人数现在已经达到约3000名。

针对干部和课长班长的教育结束以后，从7月开始，为了把研修中学到的东西在实际的经营中运用，开始了被称为"业绩报告会"的月度例会。各部门领导人近100名聚集一堂，花费3天时间，请各个担当者发表各自的经营业绩。具体讲，就是按照利润表的各个科目，发表计划数和实际数，如两者有差异，就要说明理由。根据需要，我会当场进行指导。

精心推敲，制定新的"企业理念"

我就这样对日航的经营干部和课班长级别进行"哲学"渗透。同时，从 2010 年 7 月开始，继续向下扩展，对普通员工的教育也开始了。在机场受理登机事务的员工，包括在飞机上为乘客服务的乘务员，驾驶飞机、负责安全航行的机长、副机长，从事飞机维护保养的机修师们，我来到这些员工们所在的工作现场，直接给他们讲解各岗位员工应该具备的思维方式以及应该如何做好工作等。

另外，从 8 月份开始，把我在 2 月初就任日航董事长时的致辞中提到的瑜伽圣人中村天风先生的话写成标语，张贴在各个工作现场："志气高昂，一心一意，不屈不挠，坚决实现新计划。"

这条标语的含义是：为了扎扎实实地执行公司重建计划，环境如何变化都不能作为完不成计划的借口，每位员工都要抱有主人翁态度，朝着实现目标的方向，一心不乱地拼命努力，除了持续这样的努力，没有其他办法。

另一方面，大幅改变了每个月发行的公司报的内容，开始详细刊登公司的经营状况。让现场的员工都能明确知道现日航的经营情况如何，自己的公司将朝什么方向变化等。

与此同时，我开始召集以社长为中心的有关干部，把我的思维方式等做参考，反复讨论，确定新生日航的"企业理念"，并于2011年1月向全公司正式发表。

与制定"企业理念"同时，为了实现这一理念，把全体员工应该具备的思维方式、判断基准，归纳为"JALphilosopher"（日航哲学），一共40条。

在制定"企业理念"和"日航哲学"时，我从各部门选拔来十多名干部，经过二十多次开会讨论，这还不够，听说休息日他们还聚在一起，进行反复彻底的讨论。另外，为了验证这些干部讨论的结果，我还听取以现场骨干为主的130名普通员工的意见。

为了让员工便于携带，对照参考，我们把"日航哲学"做成小手册，于2011年1月初分发给集团的全体员工。

现在，在各个工作现场，每天朝会时都会轮读。我感觉到，以这本"日航哲学"为基础，日航全体员工的思维方式都在朝着相同的方向聚拢，今后，不管经营体制发生什么变化，日航的经营都会朝着正确的方向前进。

来自客人的感人寄语

这些让经营哲学为员工共有的措施，正在改变着每一位日航员工的思想意识。其结果是企业的经营体质得到强化，重建工作有了更为确凿的保障。日航正在逐渐变化，日航不是要在规模上，而是要在员工思想水平的高度上，成为全世界最卓越的企业。

航空运输事业因为拥有价格昂贵的飞机和航运所必需的各种设备，所以一般认为是一个巨大的"装置型产业"。它也确实具备这一面，但是，我把航空业定位为终极性"服务行业"。

比如，客人来到机场，在受理柜台前如何接待客人，在乘客登机后乘务员如何服务以及机长在机内广播时说些什么，都能反映出该航空公司真正的价值。

就是说，在日航工作的员工们，对前来乘机的客人要有发自内心的感谢之情，而这种情绪和喜悦要用语言和态度表示出来。对于航空运输事业来说，这才是最为重要的。

直接与客人接触的员工们的行为，左右了人们对航空公司的评价，决定了航空公司的盛衰。"你们要用心工作，要在公司营造一种氛围，让客人满意，让客人产生'想再次乘坐日航'的愿望"。我殷切地向员工们

第14章 运用哲学帮助企业起死回生——日本航空的重建

诉说这些道理。

在出任日航董事长之前,我其实很讨厌日航。或许自以为是代表日本国家的航空公司吧,他们的这份自负心产生了傲慢不逊、旁若无人的态度,有时甚至不把客人放在眼里。实际上,过去曾有许多搭乘日航、感觉不愉快的客人,选乘了其他的航空公司。

曾经让人生厌的公司、职场、员工,在学习日航哲学谋求意识改革的过程中,一点一点地发生了变化。

站在工作第一线、拼命努力的员工们理解了我讲的道理,在各自的岗位上拼命做好该做的工作,而且开始由衷地爱上了日航这个公司,抱着"希望客人也爱上日航"这一朴实的愿望,真心诚意地为客人服务。

于是,不断有客人寄来赞赏的信件。特别是2011年东日本大地震的时候,日航的每一位员工都重新回到航空运输事业的原点,为客人尽心尽力,做了许多出色的工作。

例如,对被迫长时间关在飞机内的乘客,乘务员亲手制作新鲜的寿司供给大家；因挂虑封闭在休息室的客人的身体，日航莫斯科分公司的员工自己掏钱给客人买来巧克力；针对赶赴灾区的日本红十字会的救援团队，机长播出了温暖人心的慰问辞，让飞机内充满了感动的旋涡；还有乘务员主动保管奔赴灾区的救护人员的行李，并悄悄地、不为人知地夹进了写上慰问和鼓励言辞的卡片。

受到日航员体贴入微的关怀，许多客人寄来了感动的信件。现只介绍其中的一例，是一位客人要求转交给某位日航乘务员的信。内容是：这位客人住在福岛县的母亲，在奔关西避难途中，碰巧与这位非当班的日航乘务员同乘一个去神户的班机，在途中受到照顾的事情。信中写道：

地震后所有的交通线都停了；喝水要到河里去取；接连不断的余震以及核辐射的恐怖。我们担心处在这种环境中无法入睡的母亲，所以请她来我们子女居住的关西。然而，一架本该从茨城机场启航的某航空公司班机，以避免放射线危险为理由突然停航，没有回家的交通工具，70岁的母亲不知所措，而把她顺利送到关西的，就是贵公司的客舱乘务员。

这位乘务员在回老家神户途中，因为碰上停电，电车不通，在混乱中她很机灵，从茨城机场出发，经筑波→成田机场→伊丹机场，把我母亲顺利送到关西。

在路途中，每到一处她都会同我们子女联系，一路上不断安慰紧张中的母亲，跟母亲说了很多话。

她的态度非常亲切。但在乱糟糟的巴士车站，对不讲秩序、硬要插队的家伙，严厉警告，毫不客气。这让我母亲非常佩服。

为了表示感谢，我们要求她告之住址。她却说："我没做什么啊，跟你母亲在一起时我也很快乐啊。这样的事情是会轮回的，我也正在受到别人的帮助。"

或许机舱乘务员是把客人的安全作为日常训练的内容，所以对于她们来说，这些不过是很普通的行为。但是，她那么体谅我那高龄母亲的身体，不让她受凉，让她多喝水，让她精神放松，而且还不忘跟我们家人联系。这样的行为，我想如果是我自己的话，能够做到吗？恐怕做不到。

另外，我也长期在企业工作，我所培养的部下和后辈，一旦遇事，能像这位乘务员一样行动吗？我缺乏这种自信，我对部下的教育还远远不够。想到这一点，我不仅要对这位乘务员，而且要对她的上司和前辈的出色的教育，表示深深的感谢。

想到日航当下的处境，哪怕你们粉身碎骨、拼命工作，依然会困难重重。但是，通过这件事，在敬佩之余，我们一定会尽微薄之力支援贵公司。希望不久又能作为乘客，有机会再次接受那位乘务员温馨入微的关怀。

如能传达我们的谢意，那就万分感激了。

收到许多这样的来信，我沉浸在深深的感动之中。同时，我再次认识到，唤起这种感动的员工行为的源泉，就是"philosopher"，也就是经营哲学。

没有经验、没有知识,也没有胜算,真所谓赤手空拳参与日航重建,我所带来的仅仅只有经营哲学"philosopher"和经营管理体制"阿米巴经营"。

仅仅是因为理解了哲学,日航员工的意识就发生了戏剧性的变化,他们的行动随之变得高尚并令人感动,而伴随员工意识和行动的改变,公司的业绩也飞跃性的上升。

2011年3月末,新生日航第一年度的业绩,销售额1.3622万亿日元,营业利润远远超过了公司重建计划中揭示的641亿日元的年度利润,达到了1884亿日元。这是日航自创立以来最高的业绩。这个利润还是全世界众多航空公司中最高的利润。

接着第2年,2012年3月末,因为受东日本大地震影响,旅客大幅减少,4月份销售额大幅下滑,陷入赤字,但从5月以后,又呈V字形回复,年度销售额达1.2048万亿日元,营业利润2049亿日元,利润率高达17%。

员工的意识朝好的方向转变，公司的业绩就自然而然上升。日航的重建虽然还没有结束，但我认为，日航作为一个很好的事例，它至今为止的业绩，已经证明了我日常所说的"提高心性，拓展经营"这一经营的要诀。

运用管理会计系统

日航的重建已经完全走上轨道。为了进一步巩固经营的基础，从2011年4月起，我开始运用带来的另一个武器：管理会计系统。

经营者需要尽可能及时掌握企业经营的实际情况，以便及时采取适当的应对措施。就是说，对于销售额、经费，企业的有关数字，月度数字不必说，最好能看到每一天的数字日报，必须以这样的数字为基础展开经营活动。

> 经营者需要尽可能及时掌握企业经营的实际情况，以便及时采取适当的应对措施。

因此，在日航我也开始采用这种管理会计系统，以便即时了解各条航线的收支情况，这是航空运输事业收益的源头。

具体来说，就是建立一个系统，使得所有航线的收支情况在第2天早晨就能一目了然。同时，明确各条航线的经营负责人，今后就以该负责人为中心，为提高各航线的收益率，不断地改革钻研创新。

同时，维修保养部门、机场柜台的服务部门等，尽可能把组织划分成一个个小团体，以便对经费进行细致的管理。有关经费的明细，全体员工都能及时看到，"还有没有损失浪费？""还有没有提高效率的方法？"汇集众人的智慧，以求全体员工投入改革改善。

这就是"阿米巴经营"的管理会计系统。这是我设计的，在京瓷和KDDI的经营中运用了，另外，仅在日本国内就有将近400家企业应用了这种方法。

通过引进以"阿米巴经营"为基础的分部门核算的管理系统，日航的经营管理得到了进一步的改善，到重建第 3 年（2013 年 3 月），仍然会获得比预定更高的业绩。同时，在 2012 年秋，将在东京证券交易所再次上市，到时日航的重建就基本完成了。

因为连续两年结算数字良好，我已经从经营第一线退下，从具有代表权的董事长变为没有代表权的名誉董事长。今后我将以董事兼名誉董事长的身份，致力于把日航的年轻干部培养成真正的经营者。到 2013 年 3 月、最迟到 6 月，准备正式退出日航。

日航已经从根本上改变了企业的体质，不管今后会遭遇何种考验，作为日本航空事业的旗帜，它一定会继续翱翔天空。

最新版
"日本经营之圣"稻盛和夫经营学系列
任正非、张瑞敏、孙正义、俞敏洪、陈春花、杨国安 联袂推荐

序号	书号	书名	作者
1	9787111635574	干法	【日】稻盛和夫
2	9787111590095	干法(口袋版)	【日】稻盛和夫
3	9787111599531	干法(图解版)	【日】稻盛和夫
4	9787111498247	干法(精装)	【日】稻盛和夫
5	9787111470250	领导者的资质	【日】稻盛和夫
6	9787111634386	领导者的资质(口袋版)	【日】稻盛和夫
7	9787111502197	阿米巴经营(实战篇)	【日】森田直行
8	9787111489146	调动员工积极性的七个关键	【日】稻盛和夫
9	9787111546382	敬天爱人:从零开始的挑战	【日】稻盛和夫
10	9787111542964	匠人匠心:愚直的坚持	【日】稻盛和夫 山中伸弥
11	9787111572121	稻盛和夫谈经营:创造高收益与商业拓展	【日】稻盛和夫
12	9787111572138	稻盛和夫谈经营:人才培养与企业传承	【日】稻盛和夫
13	9787111590934	稻盛和夫经营学	【日】稻盛和夫
14	9787111631576	稻盛和夫经营学(口袋版)	【日】稻盛和夫
15	9787111596363	稻盛和夫哲学精要	【日】稻盛和夫
16	9787111593034	稻盛哲学为什么激励人:擅用脑科学,带出好团队	【日】岩崎一郎
17	9787111510215	拯救人类的哲学	【日】稻盛和夫 梅原猛
18	9787111642619	六项精进实践	【日】村田忠嗣
19	9787111616856	经营十二条实践	【日】村田忠嗣
20	9787111679622	会计七原则实践	【日】村田忠嗣
21	9787111666547	信任员工:用爱经营,构筑信赖的伙伴关系	【日】宫田博文
22	9787111639992	与万物共生:低碳社会的发展观	【日】稻盛和夫
23	9787111660767	与自然和谐:低碳社会的环境观	【日】稻盛和夫
24	9787111705710	稻盛和夫如是说	【日】稻盛和夫
25	9787111718208	哲学之刀:稻盛和夫笔下的"新日本 新经营"	【日】稻盛和夫

"日本经营之圣"稻盛和夫经营实录（共6卷）

跨越世纪的演讲实录，见证经营之圣的成功之路

书号	书名	作者
9787111570790	赌在技术开发上	【日】稻盛和夫
9787111570165	利他的经营哲学	【日】稻盛和夫
9787111570813	企业成长战略	【日】稻盛和夫
9787111593256	卓越企业的经营手法	【日】稻盛和夫
9787111591849	企业家精神	【日】稻盛和夫
9787111592389	企业经营的真谛	【日】稻盛和夫